Beck'sche Reihe
BsR 624
Autorenbücher

8/02

Erst in unserem Jahrhundert ist Hölderlin als einer „der größten Dichter" deutscher Sprache (Gerhard Schulz) erkennbar geworden. Seiner eigenen Zeitgenossenschaft – selbst Goethe und Schiller – blieb verschlossen, daß in Hölderlins Lyrik, zum ersten Mal überhaupt, Welt- und Lebenserfahrung nicht einfach Inhalt, sondern Sprache der Dichtung selbst geworden war. Neben die strengen und formbewußten Hymnen und Oden tritt als eines der schönsten und reichsten Zeugnisse des revolutionären Zeitalters der *Hyperion*-Roman.

Hölderlins Tragödie blieb, daß er mit seiner in die großen Dichtungen eingegangenen Einsicht in die Schreckensperspektive der künftigen Welt schon an der „Weimarer Klassik abgeprallt" ist (Adorno).

Der Oxforder Germanist *David Constantine,* durch eine eindrucksvolle Hölderlin-Biografie ausgewiesen, entfaltet in diesem Band Hölderlins Schicksal aus der Dichtung selbst. Zauber und Utopie seines Werkes werden ebenso sichtbar wie die Tragödie des Zusammenbruchs. Der modernen Hölderlin-Forschung verpflichtet, durchbricht Constantine den lange gepflegten Mythos vom „geisteskranken" Hölderlin. Er zeigt vielmehr, daß gerade auch Hölderlins späte in den Homburger Jahren entstandene Lyrik in ihrem Stilbewußtsein der deutschen Dichtung die Wege gewiesen hat.

DAVID CONSTANTINE

Friedrich Hölderlin

VERLAG C. H. BECK MÜNCHEN

CIP–Titelaufnahme der Deutschen Bibliothek

Constantine, David:
Friedrich Hölderlin / David Constantine
Orig. Ausgabe. – München : Beck, 1992
    (Beck'sche Reihe; 624: Autorenbücher)
    ISBN 3 406 35050 X
NE: GT

Originalausgabe
ISBN   3 406 35050 X

Einbandentwurf: Uwe Göbel, München
Umschlagbild: Friedrich Hölderlin, Pastellbild von Franz Karl Hiemer, 1792.
Mit Genehmigung des Schiller Nationalmuseums, Marbach
© C.H.Beck'sche Verlagsbuchhandlung (Oscar Beck), München, 1992
Gesamtherstellung: Appl, Wemding
Printed in Germany

Inhalt

Was kümmern sie dich
O Gesang den Reinen, ich zwar
Ich sterbe, doch du
Gehest andere Bahn ...

Für Gisela und Gerd Altner

Für ihr sorgfältiges und einfallsreiches Korrigieren des Manu-
skripts bin in meiner Kollegin Barbara Honrath zu besonderem
Dank verpflichtet.

1. Zu Hause

Die Heimat, seine eigene, tatsächliche, Schwaben also, besingt Hölderlin von Anfang an, und er bleibt in der einen oder der anderen Sprachform und Tonart, solange er überhaupt schreibt, diesem Topos treu. Schwaben, wo er geboren ist und aufwächst, wo seine Familie sich auf seiten der Mutter und des Vaters weit verbreitet – er besingt sein Heimatland mit Liebe und sehr konkret, mit Namen die Städte und die Berge und sehr genau die überaus klar abgegrenzten Bestandteile der Landschaft: Weinberge, Obstgärten, Wälder, und die Ebene, die Mitte des Landes, die, wie er sagt, der Meister, der Neckarstrom, pflügt (II, 88). Es ist eine Landschaft, die er aus nächster Nähe, aus der unmittelbarsten Erfahrung – auf Fußwanderungen – kennenlernt und versteht. Gleichzeitig aber *denkt* er sie (II, 3), aus einem ihm ganz natürlichen Reflex heraus hebt er, was er vor Augen hat, ins Bild und ins Gedicht, faßt die Täler idyllisch auf und heroisch die hohe Alb mit ihren Ruinen. Er wird den Raum ausdehnen, die Grenzen weiter nach Süden schieben, bis zum Bodensee und zu den Alpen dahinter.

In dieser Form, großartig und leuchtend, soll sein Schwaben zur Heimat der neueren besseren Zeiten werden, und hierhin lädt er die Grazien ein, aus dem alten Griechenland (II, 141). Was Hyperion vergeblich suchte – „Plaz auf Erden ..." für den neuen Geisterbund, die heilige Theokratie des Schönen, den Freistaat (III, 96) – das soll Hölderlins eigene Heimat, die wirkliche, ins Gedicht übertragene Heimat bieten. Auffallend ist, wie präzis er bleibt, liebevoll präzis, bei diesem geschichtlich und mythisch so weitreichenden Entwurf. Man könnte sagen, er bleibt dem Land selbst, den vertrauten Orten treu. Die Tek und Stuttgarts Weinstaig, der Winkel von Hahrdt und die Stelle, wo „Römisches tönend ausbeuget der Spizberg" (II, 232), die „blühenden Wege" und „mit seinen/Lieblichen Wiesen und

Uferweiden" (II, 18), der geliebte Strom: alles ist bekannt, „ört-lich", „heimisch". „Glückseelig Suevien, meine Mutter ..." so setzt Hölderlins Hymne ‚Die Wanderung' ein, und er feiert in ihr ein Land, das „nahe dem Ursprung" liegt und dessen Städte mei-nen, „es wäre/Sonst nirgend besser zu wohnen" (II, 138).

In Schwaben – in Lauffen und Nürtingen – in einer außer-ordentlich lieblichen Landschaft, erlebt Hölderlin seine Kind-heit. In Wirklichkeit wird sie nicht sehr glücklich gewesen sein, spricht er doch selber (VI, 333) von dem „Hang zur Trauer", der sich bei ihm entwickelte, als er, nach dem Tode des Vaters, auch noch den geliebten Stiefvater verlor. Brüder und Schwestern (außer Karl und Rike) sterben früh. Es mag, philosophisch be-trachtet, wahr sein, daß ein Kind, wie Hyperion schreibt, vom Tode nichts weiß (III, 10); der junge Hölderlin aber wußte, lange bevor er die Kindheit hinter sich hatte, ziemlich viel vom Tod. Sehr freudig ging es zu Hause wohl nie zu. Seine Mutter, nach zwei vorteilhaften Ehen eine wohlhabende Frau, blieb ängstlich und streng, und hielt ihn sein Leben lang in einer beschämenden Abhängigkeit. Er wurde von ihr als Kind und weit über die Kind-heit hinaus aus ängstlicher Liebe bewacht und eingeengt. Und dann die Erziehung – „Shades of the prison-house begin to close/Upon the growing boy": wie dem gleichaltrigen Words-worth, so ging es ohne Zweifel auch Hölderlin. In den Kloster-schulen Denkendorf und Maulbronn lernt er vor allem, daß er sich abschirmen muß, vor Druck und Niederträchtigkeit. Er er-richtet, wie er sagt, „Pallisaden um seine besten Absichten" (VI, 8), denn immer, wenn er seine intimsten Gefühle preisgibt, wenn er sich weich und schwärmerisch zeigt, wird er „am ärgsten mis-handelt" (VI, 7). Er bittet, daß man ihn erlöse aus der Qual: „Hier halt' ichs nimmer aus! nein warlich! Ich muß fort-" (VI, 16), und doch bleibt er, seiner Mutter zuliebe, und läßt sich dem Priesteramt entgegentreiben. Ja, er schreibt ihr sogar: „Ich sehe jezt! man kan als Dorfpfarrer der Welt so nüzlich, man kann noch glüklicher sein, als wenn man, weis nicht was? wäre" (VI, 13).

Seine Kindheit geht im Kloster unter. Bald blickt er auf sie zurück und hängt ihr nach, als ob er damals regelrecht im Para-dies gewesen wäre. Es war die reine Idylle:

> Ihr Stunden meiner Knabenfreude
>> Stunden des Spiels und des Ruhelächelns!
>
> Ich seh' euch wieder – herrlicher Augenblik!
>> Da füttert' ich mein Hühnchen, das pflanzt' ich Kohl
>> Und Nelken – freute so des Frülings
>>> Mich und der Erndt', und des Herbstgewimmels.
>
> Da sucht' ich Maienblümchen im Walde mir,
>> Da wälzt' ich mich im duftenden Heu' umher,
>> Da brokt' ich Milch mit Schnittern ein, da
>>> Schleudert' ich Schwärmer am Rebenberge.
>
>> (I, 95)

Und, ergreifender noch, es war göttliche Nähe:

> Guter Carl! – in jenen schönen Tagen
> Saß ich einst mit dir am Nekkarstrand.
> Fröhlich sahen wir die Welle an das Ufer schlagen,
> Leiteten uns Bächlein durch den Sand.
> Endlich sah ich auf. Im Abendschimmer
> Stand der Strom. Ein heiliges Gefühl
> Bebte mir durchs Herz …
>
>> (I, 19)

Früh und sehr stark erwacht in Hölderlin der Dank – Dank und Gedächtnis in eins. Er weiß, was er dem Strom zu verdanken hat: „In deinen Thälern wachte mein Herz mir auf/Zum Leben" (II, 17).

Unter den Menschen, den Erwachsenen, den Lehrern, hatte er vieles auszuhalten, und im Haus seiner Mutter gab es genug Kummer und Ärgernis. Anderswo aber, unter freiem Himmel, führte er ein Dasein, das ihm, wenn er, inzwischen selber erwachsen, zurückdenkt, als begnadet erscheint:

> Mich erzog der Wohllaut
> Des säuselnden Hains
> Und lieben lernt' ich
> Unter den Blumen.
>
> Im Arme der Götter wuchs ich groß.
>
>> (I, 267)

Die Kindheit innerhalb der „verehrten sichren Grenzen" (II, 19) der schönen, ländlichen, fruchtbaren Heimat wird in Hölderlins

Dichtung zu einem leuchtenden und zwingenden Bild. Sie verkörpert Unschuld, Freude, ein Leben „voll göttlichen Sinns" (II, 111). Und dieser Idealzustand – erfülltes Dasein – wird als ein tatsächlich einmal erlebter und damit endgültiger verstanden, dargestellt und zurückgewünscht. Kindheit zu Hause: konkret und strahlend, „sinnig" und voll „leuchtend Licht" (V, 101), eine greifbare, eine ideale Wirklichkeit.

Niemand kann in die eigene Kindheit zurück. Hyperion wünscht es sich, nachdem er gescheitert ist – „Ruhe der Kindheit! himmlische Ruhe!" (III, 10) – überwindet aber den Wunsch, den er nicht nur als unerfüllbar, sondern auch als unangebracht, ja als Schwäche erkennt. Draußen zu sein, außerhalb des Gartens, des magischen Kreises der Kindheit, und sich immer weiter davon zu entfernen, ist unvermeidlich. Und in dem Sinn, daß man sich als tätiger selbstbewußter Mensch ständig zu entwickeln hat, ist es auch eine Verpflichtung.

Für Hölderlin war die Heimat ebenso entrückt wie die Kindheit. Er konnte weder in die eine noch in die andere zurück. Hier, wie so oft bei Hölderlin, haben die Tatsachen, die Fakten seiner Biographie, einen gleichsam emblematischen Charakter. Er konnte als Erwachsener in der eigenen Heimat nicht seßhaft werden, weil er dem württembergischen Konsistorium ein Leben als Pfarrer schuldig war, und weil auch die besorgte Mutter ihn in diesen gesicherten Broterwerb treiben wollte. Er widerstrebt, und versucht „auf eignem Wege" (VI, 292), außerhalb Schwabens, „im Ausland" ein unabhängiges Leben zu führen; und jedesmal, wenn er heimkehrt, ist es nur auf kurze Zeit und nach einem Scheitern; und im Gefühl des Gescheitert-Seins, der Abhängigkeit und der Bedrohung ist er auch zu Hause unglücklich. In seinen Briefen, vor allem an die Schwester, und in vielen Gedichten, preist er das häusliche, ruhige Leben in der Heimat, sehnt sich danach, und sieht gleichzeitig ein, daß es ihm vorenthalten bleiben wird. Und wieder einmal, die Unmöglichkeit bestätigend, tritt ein Gefühl der Verpflichtung hinzu. Er kann nicht zu Hause sein, und darf es auch nicht. Ein eigenes Leben, und das bedeutet: ein Leben als Dichter, ist nur möglich, wenn er sich entfernt; und daß die dichterische Arbeit sein eigentlicher Beruf ist und bleiben wird, weiß er bald, und er fühlt sich verpflichtet, ihr nachzugehen.

In dem großen Gedicht ‚Der Wanderer‘ (2. Fass., 1800) erfindet Hölderlin die endgültige Metapher, oder besser die Struktur selbst der unmöglichen oder verbotenen Heimkehr. Der Wanderer kommt, nachdem er im heißem Süden und im kalten Norden sehr gelitten hat, in die milde Heimat zurück. Dort wird er in die vertraute und geliebte Landschaft aufgenommen: alles heißt ihn willkommen. Im Gedicht werden ihre Fülle, Nähe, und sinnliche Präsenz greifbar:

> Noch gedeihn die Pfirsiche mir, mich wundern die Blüthen,
> Fast, wie die Bäume, steht herrlich mit Rosen der Strauch.
> Schwer ist worden indeß von Früchten dunkel mein Kirschbaum,
> Und der pflükenden Hand reichen die Zweige sich selbst.

Er dringt weiter vor, bis zum Ausgangspunkt, dem Bach:

> Wo ich lag, und den Muth erfreut’ am Ruhme der Männer
> Ahnender Schiffer; und das konnten die Sagen von euch,
> Daß in die Meer’ ich fort, in die Wüsten mußt’, ihr Gewalt’gen!
> Ach! indeß mich umsonst Vater und Mutter gesucht.

Und ebenso wie damals sie ihn suchten, sucht er sie jetzt, vergeblich. „Und wenn noch Freunde leben, sie haben/Andres gewonnen, sie sind nimmer die Meinigen mehr.“ Schlicht stellt er fest, was unleugbar ist: „Und so bin ich allein“ (II, 82–3). Körperlich anwesend, am unverändert blühenden Ort, an der Quelle selbst, ist er entfremdet, ausgeschlossen und allein. Er ist, wie der in ähnlicher Entfremdung zugrundegegangene englische Dichter John Clare es ausdrückt, „homeless at home“, heimatlos in der Heimat.

So geht es immer wieder in den Gedichten Hölderlins, und auch im Roman und in *Empedokles*: die Rückkehr wird als unmöglich dargestellt. Äußerlich mag sie Realität werden. Hyperion kehrt heim, lebt aber als Eremit; der Wanderer kehrt heim, bleibt aber im Grunde allein: „dunkel wirds und einsam/Unter dem Himmel, wie immer, bin ich“ (I, 301), während um ihn herum die Einheimischen, die es wirklich sind, ruhig und zufrieden dem tätigen, normalen Leben nachgehen: der Pflüger, Mutter und Kind, alle „Genügsamen". Ja, Fremde kehren ein, und werden gastfreundlich beherbergt. Bilder der Einkehr kommen überall vor, und drücken Verbot und Unmöglichkeit aus:

> Froh kehrt der Schiffer heim an den stillen Strom,
> Von Inseln fernher, wenn er geerndtet hat;
> So käm' auch ich zur Heimath, hätt' ich
> Güter so viele, wie Laid, geerndtet.
>
> (II, 19)

Wichtig ist, er kehrt tatsächlich heim, das Land hat überlebt, dauert fort und blüht – „Doch du, mein Vaterland! du heilig-Duldendes! siehe, du bist geblieben" (II, 29) – alles ist unverändert, und andere wohnen dort und besitzen es. Hölderlins Wanderer aber genießt es allenfalls in der Erwartung, in der Hoffnung; wirklich einkehren, so wie er geworden ist, kann er nicht.

Hölderlins letzte und schönste Elegie 'Heimkunft. An die Verwandten' scheint die Ausnahme zu bilden, weil der Heimkehrende hier, anders als im ‚Wanderer', keine bittere Enttäuschung erlebt: der Kreis der Verwandten und Freunde ist noch heil, und nimmt ihn auf. Keine Zurückweisung also, aber eine Steigerung der Wünsche und Hoffnungen, so daß ihre Erfüllung aufgeschoben wird:

> Aber das Beste, der Fund, der unter des heiligen Friedens
> Bogen lieget, er ist Jungen und Alten gespart.

Auch hat der Dichter, der nun glücklich zu Hause ankommt, Sorgen, Verantwortlichkeiten, die ihn, da sie nicht materieller Natur sind, auszeichnen und in gewissem Maße von Freunden und Verwandten absondern:

> Sorgen, wie diese, muß, gern oder nicht, in der Seele
> Tragen ein Sänger und oft, aber die anderen nicht.
>
> (II, 98–9)

Außerdem birgt die Freude selbst, die das Gedicht kennzeichnet, etwas Entrückendes und fast Gefährliches. Die Einkehr löst eine Ekstase aus, die die wirkliche Heimat und jedes wirkliche häusliche Glück weit hinter sich läßt. Als Hölderlin im April 1801

12

aus Hauptwyl nach Hause kam, war er nah daran, auf persönliches Glück zu verzichten. Die Freude, der er in dieser hymnisch gestimmten Elegie so ergreifend Ausdruck verleiht, ist eine hart errungene Kompensation; aber zugleich eine Gefahr, daß er der Erde, wo häusliches Glück erstrebt und von vielen erreicht wird, der Erde, die er doch liebt, verlorengeht. Was die Freude auslöst und immer höher treibt, ist nicht Besitz, sondern sehnsuchtsvolle Erwartung. Nach dem Frieden von Lunéville (Februar 1801) scheint die Erfüllung von Hölderlins Hoffnungen zum Greifen nah; und vor dieser Hoffnung, vor (wie er glaubte) ihrer baldigen Erfüllung leuchtet die heimatliche Landschaft, in die er zurückkehrt.

Jede Landschaft, in die Hölderlins „Wanderer" heimkehren kann oder darf, steht *noch* oder *schon* in strahlender Schönheit da. Sie „strahlt", was ihn betrifft, gleichsam entweder vor Vergangenheit oder vor Zukunft; sie ist Nachbild oder Vorbild. Das Gedicht aber ist Vergegenwärtigung: nah und leuchtend wird eine Heimat vor Augen geführt, in die der Wanderer eintritt, um sie dann unvermeidlich als Vergangenes oder als Künftiges zu erleben.

Diese Simultanität von Gegenwart und Abwesenheit, von Fülle und Enttäuschung, Nähe und Entfernung, ist charakteristisch für Hölderlins Imagination und damit auch für die Struktur und den Prozeß (die Verfahrensweise) seiner Gedichte. Sie ist bei ihm gleichsam Veranlagung, durch Erfahrung bestätigt; und es liegt in der Natur des Gedichts, daß es sie immer wieder betont und bestätigt. Denn das Gedicht will Verwirklichung, das Gedicht verwirklicht; und wenn der Stoff, den es verwirklicht, eine Landschaft ist, wird sehr eindringlich eine eigentümliche Spannung erzeugt – eine Spannung, die dadurch entsteht, daß durch geistige Kraft und große technische Geschicklichkeit Gefühle an einem Ort zusammengehalten werden, welche sich bekämpfen oder auseinanderstreben. Eine Landschaft – sei's die heimatliche sei's die griechische – überdauert (überdauerte zumindest damals) und es scheint, eben weil sie fortdauert, als verspreche sie auch im persönlichen, kulturellen und religiösen Leben eine Kontinuität. In Wahrheit deutet sie auf das Gegenteil. Einerseits also Kontinuität, andererseits Bruch und Diskrepanz. Jenes Bild einer Landschaft, die in unveränderter Schönheit weiter besteht, in die man aber nicht zurückkehren darf, oder in der man notwendigerweise enttäuscht und unzufrieden ist, die einem greifbar nah gegenüber steht und die man doch nicht besitzen kann – dieses Bild darf wohl als Grund und Mittelpunkt in Hölderlins Erlebnis und Dichtung angesehen werden. Jedes Gedicht von ihm, einerlei, wovon es spricht, wiederholt dieses Grundbild, diese unauslöschliche Erfahrung: es beschwört eine Gegenwart herauf, in die wir nicht (noch nicht) hineindürfen; es beschwört ein erfülltes Dasein herauf, dem wir noch nicht gewachsen sind. Im Gedicht verwirklicht sich nicht dieses Dasein, sondern die Sehnsucht danach. Die Landschaft ist unverwandelt, die Heimat liegt noch da – und treibt uns ständig zur Rückkehr; oder genauer, das Gedicht, das sie benennt, treibt uns fort zum erfüllten Leben, das in diesem Bild der möglich werdenden Rückkehr eingeschlossen ist.

2. Draußen

Da es ihm nicht möglich oder erlaubt war, zu Hause zu sein, versuchte Hölderlin, mit wenig Erfolg, sich *draußen* eine Existenz zu sichern und seinen Lebensplan (VII, ii, 579) zu realisieren. Draußen: das ist im Ausland, außerhalb der Grenzen Württembergs, dort, wo der lange Arm des Konsistoriums nicht hinreicht. Viermal geht Hölderlin mit dieser Absicht ins Ausland: nach Waltershausen und Jena, nach Frankfurt und Homburg, nach Hauptwyl und nach Bordeaux; und jedesmal kehrt er nach einem kürzeren oder längeren Aufenthalt, gezwungenermaßen nach Hause zurück, wo er sich sofort nach neuen Möglichkeiten draußen umsieht. Das sind seine Wanderschaften (VI, 145, 406): so nennt er sie, als ob er sich zielbewußt auf etwas vorbereitete oder hinbewegte. Sein Ziel – ein Leben als Dichter in Unabhängigkeit – erreichte er nicht, und schon der Weg dahin war eher zufällig als gewählt und, wie er rückblickend einsah, wenig „angemessen" (VII, ii, 579); eher ein Umherirren, ein Hin- und Hergetriebenwerden, als ein Fortschreiten in eine bestimmte Richtung. Er wird behindert, er fällt zurück, es gibt immer wieder Unterbrechungen. In Jena – nach Erfahrungen in Waltershausen, die ihn erschüttern – gelingt es ihm nicht, unter den Großen Fuß zu fassen, und er flieht, er reißt aus, kehrt heim und fühlt sich dann zu Hause als *„res nullius"* (VI, 181) gescheitert und verdammt; in Homburg, während des langen Abschiednehmens von Susette Gontard, gehen ihm die Mittel aus, für die geplante Zeitschrift *Iduna* findet er keine Unterstützung („Schämen sich denn die Menschen meiner so ganz?" [VI, 366]); er trennt sich von der einzigen Person, die ihn hätte retten können, und kehrt heim, ins Unverständnis und in die Abhängigkeit; in Hauptwyl wird ihm nach nur drei Monaten („eine wenig glükliche Zeit" [VII, ii 580]) gekündigt; in Bordeaux dauert es kaum länger, und als er im Sommer 1802 kurz in Stuttgart und danach in Nürtingen auftaucht, halten ihn Freunde und Verwandte für verrückt. Der Freund Isaac von Sinclair holt ihn nach Homburg und verschafft ihm eine Sinekure als Bibliothekar. Im September 1806 wird er mit Gewalt abtransportiert und ins Tübinger Klinikum eingeliefert. Kein folgerichtiger Kurs also, sondern die ständige Wiederholung einer Grunderfahrung, deren zwei Pole *zu Hause* und *draußen* sind.

Den größten Teil des Weges nach Hauptwyl, und sehr wahrscheinlich den ganzen langen und gefährlichen Weg nach Bordeaux, hat Hölderlin zu Fuß zurückgelegt. Er war von der Natur, wie er selber sagte, „mit ein paar rüstigen Beinen versehen" (VI, 135). Als Stipendiat in Tübingen machte er einmal „den forcirten Ausflug nach dem 18 Stunden entfernten Kloster [Maulbronn], um seine Geliebte [Louise Nast] zu sehen" (VII, i, 391); er lief oft von Stuttgart nach Nürtingen, über die Alb nach Blaubeuren, und von Homburg nach Frankfurt; auf Wanderungen im Rhöngebirge oder in der Schweiz legte er in der Regel mindestens dreißig Kilometer am Tag zurück. Ich betone das gern: Hölderlin marschierte gut, meistens allein, sehr oft im Winter (jedesmal, wenn er eine neue Hofmeisterstelle antrat, brach er im Winter auf). Es waren lange Wanderungen, auf denen er, besonders auf den letzten, viel gedichtet und über vieles nachgedacht hat.

Hölderlin neigte schon früh dazu, sich selbst, sein eigenes Leben, als etwas Typisches, Archetypisches, Beispielhaftes anzusehen. Er redet oft so, als ob sein Schicksal von allgemeiner, sozusagen unpersönlicher Bedeutung sei. Diese Tendenz gipfelt in der berühmten Aussage an den Freund Böhlendorff (November? 1802. VI, 432): „Und wie man Helden nachspricht, kann ich wohl sagen, daß mich Apollo geschlagen." Hölderlin erscheint hier als Heros des eigenen Mythos, der eigenen Tragödie. Seine Rolle – eine bis zum bitteren Ende tatsächlich gelebte Rolle – war dabei die des Wanderers, des „heimathlosen Sängers" (I, 304). Im Gedicht, wo die Biographie verarbeitet wird, sind solche „beispielhafte Figuren" zu erwarten; aber derselbe Prozeß vollzieht sich parallel auch in den Briefen und verstärkt sich im gleichen Maß wie Hölderlins zunehmender Verzicht auf persönliches Glück. Er sieht immer klarer, was ihm verweigert bleiben wird; er sieht, ebenso wie Hyperion, als dieser zu erzählen und zu reflektieren beginnt, das Muster, die Wiederholungen in seinem Leben. Dies prägt den Ton seiner Schriften, wie etwa ein Brief von Juli 1798 an die Schwester bezeugt: „Glaube mir, wer ohne eignen Heerd, und häufig unter Fremden lebt, der weiß es erst zu schäzen, und vergißt es nicht, wenn ihn ein Freund oder Mutter oder Schwester im Hauße freundlich aufgenommen hat" (VI, 276). Als er im Januar 1801 nach Hauptwyl und im Dezember desselben Jahres nach Bordeaux aufbricht, sind die Briefe von einem noch feierlicheren und doch schlichten Pathos getragen:

„Einige ruhige Tage, bei Euch, Ihr Theuersten! werden mir noch zum Seegen auf meine dritte Wanderschaft werden. (VI, 406)

Ich komme Abschied zu nehmen. Aber laß uns nicht klagen! in solchen Fällen erhalte ich immer lieber den zufriedenen Geist, der das Traurige, Gott zu ehren, verschweigt, und auf das Gute siehet. (VI, 424)

Und nun leb wohl, mein Theurer! bis auf weiteres. Ich bin jezt voll Abschieds." (VI, 427)

Und was er dann, in Bordeaux angekommen, nach Hause schreibt, und mehr noch der spätere Brief an Böhlendorff, liest sich fast wie eine Legende, deren Details berichtend und figurativ zugleich sind:

„Diese lezten Tage bin ich schon in Einem schönen Frühlinge gewandert, aber kurz zuvor, auf den gefürchteten überschneiten Höhen der Auvergne, in Sturm und Wildniß, in eiskalter Nacht und die geladene Pistole neben mir im rauhen Bette – da hab' ich auch ein Gebet gebetet, das bis jezt das beste war in meinem Leben und das ich nie vergessen werde.

Ich bin erhalten – danken Sie mit mir!

Ihr Lieben! ich grüßt' Euch wie ein Neugeborner, da ich aus den Lebensgefahren heraus war ... (VI, 429–30)

... bin indeß in Frankreich gewesen und habe die traurige einsame Erde gesehn; die Hirten des südlichen Frankreichs und einzelne Schönheiten, Männer und Frauen, die in der Angst des patriotischen Zweifels und des Hungers erwachsen sind.

Das gewaltige Element, das Feuer des Himmels und die Stille der Menschen, ihr Leben in der Natur, und ihre Eingeschränktheit und Zufriedenheit, hat mich beständig ergriffen ...

In den Gegenden, die an die Vendée gränzen, hat mich das wilde kriegerische interessirt, das rein männliche, dem das Lebenslicht unmittelbar wird in den Augen und Gliedern und das im Todesgefühle sich wie in einer Virtuosität fühlt, und seinen Durst, zu wissen, erfüllt. (VI, 432)

Hölderlin faßt die Welt, die er durchwandert, schon früh poetisch auf. In Hauptwyl, wo er erstmals die Alpen erlebt, und in Bordeaux, wo die Fülle neuer Sinneswahrnehmungen ihn beinahe überwältigt, wird seine Sicht der Dinge aufs höchste überzeugend. Die Briefe, die fortan kaum noch als faktische Dokumentation, als Phase *vor* dem Dichten, zu verstehen sind, zeigen wie die Einbildungskraft – Auge und Imagination – wirkt. Und er selbst, unterwegs in der Fremde, wird zum Gegenstand dieser Einbildungskraft, und er geht als der Wanderer, als Heros, der einem tragischen Ende zutreibt, ins Gedicht ein.

Man kann auch sagen: ins Mythische, in die eigene Mythologie, wenn damit die Welt, die Totalität gemeint ist, die durch die großen Gedichte seiner Reifezeit – ‚Der Rhein‘, ‚Die Wanderung‘, ‚Heimkunft‘, ‚Patmos‘ und andere – heraufbeschworen wird. Er verallgemeinert sein eignes Schicksal, seine Heimatlosigkeit, und betrachtet das gesamte Zeitalter, in dem er sich abmühen muß – ja, die gesamte „Zwischenzeit" seit dem Tode Christi, „seit nemlich böser Geist sich/Bemächtiget des glüklichen Altertums" (II, 159) – als durch Unruhe, Umherirren, unvermeidliche Reisen gekennzeichnet. Draußen zu sein, ohne Heimat, ohne bleibende Stätte, ohne Asyl – die Zeiten diktieren es.

Im Sommer 1796 wird Susette Gontard von ihrem Ehemann dazu veranlaßt, mit ihren Kindern das vom Krieg bedrohte Frankfurt zu verlassen. Sie begeben sich nach Kassel, und weiter nach Bad Driburg in Westfalen. Hölderlin, der Hofmeister, begleitet sie „ziemlich nahe bei dem französischen Kanonendonner ... vorbei" (VI, 216), auf Straßen voller Flüchtlinge. Der Krieg breitet sich aus. Fremde Heere sind im Land, auch die Vertriebenen von der anderen Seite des Rheins. Hölderlin hatte den Aufruhr, die Flucht und den Zusammenbruch des zivilen Lebens unmittelbar vor Augen; er wußte, wie die Zeiten aussehen, wenn sie *gären*. Unruhe war, spätestens seit der Niederlage der Koalition gegen Frankreich bei Valmy (1792), der reale Hintergrund, vor dem er sich als „Wanderer" bewegte; sein eigenes Schicksal verkörperte gleichsam die Zeiten.

Zahlreich sind in Hölderlins Dichtung die Figuren, die verbannt und vertrieben werden: Hyperion, der nach der Schlacht bei Tchesmé zuerst ein Verfolgter im eigenen Lande ist, lebt dann im Exil; Empedokles wird fortgetrieben aus Agrigent, Oedipus aus Theben. Hinzu kommen die, die im Kriege draußen sterben: Emilias Bruder in Korsika; Patroklos, Achilleus („*mein* Achilles") und „noch andere viel" vor Troja. Über Ajax heißt es „nach/Der unbewegten Salamis steter/Gewohnheit, in der Fremd', ist groß/Ajax gestorben" (II, 198). In den späteren Hymnen, wo Hölderlin das eigene Zeitalter immer präziser zu bestimmen versucht, werden Entdeckungsreisen, Kreuzfahrten und Pilgerfahrten als typische Phänomene der Moderne herausgestellt – etwa in ‚Andenken' die Seeleute, die, nach Ansons Beispiel, „verschmähn/Den geflügelten Krieg nicht, und/Zu wohnen einsam, jahrlang, unter/Dem entlaubten Mast" (II, 189), oder in ‚Patmos' (in den späten Bruchstücken dieses oft überarbeiteten Gedichts) „die Fahrt der Edelleute nach/Jerusalem, und das Leiden irrend in Canossa" (II, 182).

Diese in ‚Patmos' genannten Beispiele oder Musterbilder wirken fast wie Notizen zum Thema ‚Abendland' oder ‚Moderne', wie Hölderlin sie auch am Rande des unvollendeten Gedichts ‚Kolomb' flüchtig niederschreibt: ‚Flibustiers, Entdeckungsreisen/als Versuche den hesperischen/*orbis*, im Gegensaze gegen den/*orbis* der Alten zu bestimmen' (II, 876). Es sind aber die Jünger, die nach dem Tode Christi ein für die Zeiten in besonderem Maße charakteristisches Schicksal erleiden: sie werden zerstreut:

> Doch furchtbar ist, wie da und dort
> Unendlich hin zerstreut das Lebende Gott.
> Denn schon das Angesicht
> Der theuern Freunde zu lassen
> Und fernhin über die Berge zu gehn
> Allein … (II, 168–9)

Auf der Insel Patmos landen nur Fremde und klagen „vom Schiffbruch oder .../Um die Heimath oder/Den abgeschiedenen Freund". So sind die Zeiten, so ist die ‚Zwischenzeit‘, und auch der Dichter, als ein weiterer Heimatloser, verkörpert sie, „denn wandern muß/Von Fremden er zu Fremden, und die/Erde, die freie, sie muß ja leider!/Statt Vaterlands ihm dienen, so lang er lebt,/Und wenn er stirbt" (I, 304).

„Irren": das Wort kommt in der späten Dichtung Hölderlins häufig vor – irren, die Irre, das Irrsal. Unter diesem Zeichen des Irrens stehen, so scheint es, die meisten Tätigkeiten des Menschen der Moderne. Um uns herum ist „Wildniß", „bös sind/Die Pfade" (II, 197), es gehen keine „rechten Stapfen" mehr (II, 57). Überall bei Hölderlin, wie bei keinem anderen vor Kleist, wird das Chaos der Zeit aufgedeckt. Das Chaotische, das Ungebundene, das Zugrundegehende, die „uralte Verwirrung" (II, 148) wird direkt ins Auge gefaßt – ja, er gibt zu, „das Ungebundne reizet" (II, 51), „immer Ins Ungebundene gehet eine Sehnsucht" (II, 197). Die Kräfte der Auflösung waren Hölderlin immer gegenwärtig und sie zogen ihn sogar an. Doch jedesmal, wenn er sie im Gedicht selbst heraufbeschwört, bekämpft er sie zugleich. Er tut dies durch die strenge Form und in der Überzeugung, daß diese Kräfte, wenn man den nötigen Mut besitzt, ins Produktive gewendet werden können.

Man gewöhnt sich bei Hölderlin rasch daran, die Dinge als grundsätzlich doppeldeutig anzusehen. Ihnen eignet tatsächlich jene „schöne widersprüchliche Einheit", die Brecht der deutschen Dichtung nach Goethe entschieden abspricht. Man erlebt sie, beim Lesen eines Hölderlin-Gedichts, als eine manchmal fast ins Unerträgliche gesteigerte Spannung. Dem Topos des Wanderers, zum Beispiel, liegt, vor allem in den früheren Gedichten, zweifellos eine durchaus normale Reiselust zugrunde. 1793, im Gedicht ‚An Hiller‘, in dem er den Freund an die gemeinsame Wanderung (oder Wallfahrt) durch die Schweiz erinnert, spricht Hölderlin es aus, als einfache Tatsache: „Oft flammt der Wunsch, unendlich fortzuwandern,/Unwiderstehlich herrlich in uns auf" (I, 174–5). Man weiß, daß er eines seiner Homburger Zimmer „mit den Karten der 4 Weltheile dekorirt" hat (VI, 352), und daß er sehr gern, auch noch in der zweiten Homburger Zeit, Reiseberichte las. Man spürt in Briefen, solange ihm noch ein Rest von Hoffnung bleibt, daß ihn jeder neue Aufbruch belebte und ermutigte; und immer wieder in den Gedichten, auch in den allerletzten, lebt dieser Mut, die Sehnsucht nach Straßen, nach dem Meer, nach der Ferne wieder auf. Kaum ein anderer hat die Pfade der Erde, die Wege des Wanderers, so geliebt wie er; Bäche, Ströme, und, nach Bordeaux, „das ebene Weltmeer" (II, 255) regten seine Einbildungskraft an und erweiterten sie. Und was ihn zum Aufbruch, ins Offene, ja ins Ausland trieb, das bejahte er, als etwas Lebendiges und Unentbehrliches. Gleichzeitig aber, oder sich plötzlich in sein Gegenteil wendend, erscheint es als ein Fluch, ein Zwang, eine Versuchung, ein gefährliches Sich-Gehenlassen. Schon früh, im Jahre 1794, beklagt er, in Anbetracht einer stillen Häuslichkeit, die er dem Freund Neuffer zuschreibt, sein „ewiges Sehnen von einer Stelle der Welt zur andern" (VI, 124); und das Gedicht ‚Der Main', anfangs von einer einfachen Wanderlust bewegt – „Wohl manches Land der lebenden Erde möcht'/Ich sehn, und öfters über die Berg' enteilt/Das Herz mir, und die Wünsche wandern/Über das Meer …" – gebietet sich gegen Ende, aus Furcht vor Auflösung und Heimatlosigkeit, entschlossen „Einkehr". Letzteres – eine Einkehr oder bewußtes Bremsen – wird Hölderlin in seinen Gedichten, vor allem in den langen Hymnen, fortan sehr oft als Gegenimpuls einsetzen oder zum Wendepunkt machen. Nach ‚Der Nekar' (1800, einer Neufassung des im vorhergehenden Jahr geschriebenen ‚Main'-Gedichts) gönnt er sich den einfachen Aufbruch in die Ferne nicht mehr. Die Reise – als Lust zum Aufbruch oder als Notwendigkeit oder beides zugleich verstanden – wird nur unter strengen Bedingungen, nur mit einer klaren Absicht, unternommen. Diese Absichtlichkeit bewahrt vor Auflösung, und kann als Treue (zur Heimat), aber auch als Selbstschutz verstanden werden. Fast alle Hymnen, und auch ‚Brod und Wein', haben, in mehr oder weniger ausgeprägter Form, eine ähnliche Struktur: einem entschiedenen Aufbruch – „Ich aber will dem Kaukasos zu!" – folgt später die Korrektur, das Stillehalten, ja die Umkehr

21

– „Doch nicht zu bleiben gedenk ich" (II, 138, 141). Das Reisen – immer in „den *orbis* der Alten" hinein, zum Schwarzen Meer, zu den Inseln des Archipelagus, zur Küste Ioniens – wird nur um der Heimat willen gestattet, und der Reisende, der Dichter, kehrt zurück. Er bleibt treu, das heißt, er bleibt seiner eigenen Gegenwart treu und kehrt aus dem griechischen Tag in die hesperische Finsternis, in unsere beklagenswerten Zustände zurück. Auf diese Weise wird dem Reisen, das so kennzeichnend ist für das Zeitalter der Moderne, ja fast wie ein Fluch auf ihm liegt, der bestmögliche Sinn verliehen; und das ist unerläßlich, denn sonst sind sinnloses Irren, Auflösung und Selbstverlust das übliche Los in der „Zwischenzeit", die wir bewohnen müssen.

Von grundlegender Bedeutung in allen späteren Gedichten Hölderlins ist die Sehnsucht nach einer Zeit, in der die Menschen von der Notwendigkeit, vom Fluch des Wanderns in der Fremde erlöst werden. Anfänglich scheint er die Erlösung auch für sich selbst erhofft zu haben. Im März 1795 schrieb er an die Mutter: „Meine Schwester meinte es herzlich gut, daß sie mir rieth, an's liebe Vaterland mich zu halten. Ich werd' auch wol nicht ewig ausbleiben" (VI, 161). Wir wissen, daß er letztlich doch ewig ausblieb; und auch für seine Mitmenschen rückte die Zeit nicht näher, die Hölderlin unter der Losung „Seines jedem und ein Ende der Wanderschaft" (II, 334) so oft und so überzeugend in seinen Gedichten vergegenwärtigt hat. Es bleiben – und das ist nicht wenig – schöne Bilder von einer kommenden Zeit, in der die glückliche Rückkehr in die Heimat möglich sein würde. Indessen: man übertreibt kaum, wenn man behauptet, daß „Herz und Kern" der hölderlinschen Dichtung in diesem unscheinbaren Lieblingswort erhalten seien. Indessen ist es notwendig, draußen zu sein. In späten Änderungen an ‚Brod und Wein' wird sehr anschaulich der Begriff der Kolonie skizziert:

> nemlich zu Hauß ist der Geist
> Nicht im Anfang, nicht an der Quell. Ihn zehret die Heimath
> Kolonie liebt, und tapfer Vergessen der Geist.

> (II, 608)

Erst nach einem Aufenthalt in der „Kolonie" darf der Sohn, der Ausgewanderte, heimkehren: „Verbotene Frucht, wie der Lorbeer, aber ist/Am meisten das Vaterland. Die aber kost'/Ein jeder zulezt" (II, 220). So scheint Hölderlin die eigene Wanderschaft verstanden zu haben: Als Muß, als ein Indessen. In gewisser Hinsicht ging er immer *à contre coeur* ins Ausland:

> „So viel darf ich gestehen, daß ich in meinem Leben nie so vest gewurzelt war ans Vaterland, im Leben nie den Umgang mit den Meinigen so sehr geschäzt, so gerne zu erhalten mir gewünscht habe!
> Aber ich fühl' es, mir ists besser, draußen zu seyn . . . (VI, 424)

> Ich habe lange nicht geweint. Aber es hat mich bittre Thränen gekostet, da ich mich entschloß, mein Vaterland noch jezt zu verlassen, vieleicht auf immer. Denn was hab' ich lieberes auf der Welt? Aber sie können mich nicht brauchen. Deutsch will und muß ich übrigens bleiben, und wenn mich die Herzens- und die Nahrungsnoth nach Otaheiti triebe." (VI, 427–8)

Es besteht die Gefahr, daß sich der Ausgewanderte in diesem notwendigen und – wie er hofft – befristeten Exil verliert. Eine enge Analogie entdeckt Hölderlin in der Tätigkeit des Übersetzens, die er dem Freund Neuffer als „eine heilsame Gymnastik für die Sprache" ans Herz legt. Die Sprache, und das heißt die eigene Muttersprache, „wird hübsch geschmeidig, wenn sie sich so nach fremder Schönheit und Größe, oft auch nach fremden Launen bequemen mus". Sie erlebt, was ihr fremd ist, und gewinnt dabei. Aber sofort fügt Hölderlin die Warnung hinzu: „Die Sprache ist Organ unseres Kopfs, unseres Herzens, Zeichen unserer Phantasien, unserer Ideen; uns mus sie gehorchen. Hat sie nun zu lange in fremdem Dienste gelebt, so, denk' ich, ist fast zu fürchten, daß sie nie mer ganz der freie reine, durch gar nichts, als durch das Innre, so und nicht anders gestaltete Ausdruk unseres Geistes werde" (VI, 125). Das schrieb er im Sommer 1795, in Jena, auf seiner ersten ‚Wanderschaft'. Ein Äußerstes in diesem „fremden Dienste', in konsequenter Verleugnung und Verfremdung der eigenen Sprache, hat er dann fünf Jahre später mit seinen Pindar-Übersetzungen geleistet – zu einer Zeit, als die ganze Auslands- und Heimatmetaphorik unerbittlich von seinem realen Leben bekräftigt wurde. Bald wird es heißen: „Wir . . . haben fast/Die Sprache in der Fremde verloren" (II, 195). Goethe, der Ende März 1787 in Neapel das Angebot erhält, nach Griechenland zu reisen, bringt (in der Druckfassung der ‚Italienischen Reise', die 1816/17 entstand) noch in der Erinnerung eine Aufregung zum Ausdruck, die schon fast an Panik grenzt: „Wenn man sich einmal in die Welt macht und sich mit der Welt einläßt, so mag man sich ja hüten, daß man nicht entrückt oder wohl gar verrückt wird." Dieser Gefahr war Hölderlin wirklich ausgesetzt.

Die „Zwischenzeit", ist eine Zeit der *Gärung*. Hölderlin liebt dieses Wort, und in seinen Briefen und Gedichten benutzt er es immer wieder. Denn Gärung besagt – es impliziert zumindest die Hoffnung – daß der Aufruhr, das Chaos einem positiven Ergebnis entgegenstrebt. Wenn die Zeiten gären, sind sie, auch wenn das nicht sehr offenkundig sein mag, produktiv in Bewegung, und es besteht die Aussicht, daß aus ihnen am Ende etwas Besseres entsteht. Sie dürfen also mit einer gewissen Zuversicht als notwendiges Übergangsstadium betrachtet werden.

Hölderlin schreibt „Die Menschen gähren, wie alles andere, was reifen soll" (VI, 277). Im eigenen Leben rang er um eine möglichst positive Einstellung zu der Unruhe, die ihn plagte. Schon in den Klosterschulen spürte er seine große Labilität, und nachdem er in Waltershausen und Jena vieles erleben mußte, dem er nicht gewachsen war, wurde diese, in bedenklichem Maße verstärkt, auch von anderen an ihm wahrgenommen. Die Unruhe ließ ihn nie wieder los. Wie innig und dankbar liebte er daher die Ruhe, die von Susette Gontard ausging. Diotima besitzt sie vor allen anderen von Hölderlin gepriesenen Gaben; und verliert sie durch eben den Mann, der, von der eigenen Unruhe gequält, die Ruhe, die sie ausstrahlt, bewundert und braucht. Susette Gontard ihrerseits wird nach der Trennung gleichfalls von Unruhe und Angst heimgesucht. Noch als junger Mann (im Frühjahr 1798) schreibt Hölderlin an den Stiefbruder, wie einer, der seinen Zustand nicht mehr viel länger aushält: „Ich suche Ruhe ... Bester Karl! ich suche nur Ruhe" (VI, 263). Und man wird es immer wieder feststellen: er ist sich vollkommen darüber im klaren, wie sehr er die Ruhe nötig hat, aber gleichzeitig erkennt, daß sie ihm vorenthalten bleiben wird. In Phasen der Zuversicht und des Selbstvertrauens – etwa im Dezember 1793, als er nach Waltershausen aufbricht und unter-

wegs das Gedicht ‚Das Schiksaal' schreibt, oder 1796, in Frankfurt, als er Susette Gontard kennenlernt – kann er die Unruhe bejahen, sie geradezu freudig als Herausforderung betrachten.
Dann tauchen in Briefen und Gedichten zahlreiche Bilder des
entschlossenen Kampfes auf, Bilder des Aufbruchs:

> Dich zu finden, warf ich wieder
> Warf ich meinen trägen Kahn
> Von dem todten Porte nieder
> In den blauen Ozean. (I, 214)

„Ich habe eine Welt von Freude umschifft … Die Wooge trug mich fort …
Auf dem Bache zu schiffen, ist keine Kunst. Aber wenn unser Herz und unser
Schiksaal in den Meersgrund hinab und an den Himmel hinauf uns wirft,
das bildet den Steuermann." (VI, 235, 237)

„Lieber Karl!" schreibt er dann nur ein Jahr später, „ich spre-
che wie einer, der Schiffbruch gelitten hat" (VI, 263).

Diese Unruhe, das unstete Leben in der Fremde, geht, verallgemeinert, als Merkmal des gesamten Zeitalters, in die Dichtung ein. Diese Zeiten des Übergangs verweigern dem Menschen
ein Leben in häuslicher Ruhe. Aber nicht nur als Topos, auch als
wesentlicher Teil eines umfassenden und vielschichtigen Mythos, wird die Unruhe in Hölderlins Gedichte übertragen. Sie
durchdringt die Verse selbst. Am Anfang des ‚Archipelagus'
etwa drängt der Rhythmus, der unruhige lebendige Geist, gegen
das Metrum hastig vorwärts:

> Kehren die Kraniche wieder zu dir, und suchen zu deinen
> Ufern wieder die Schiffe den Lauf? umathmen erwünschte
> Lüfte dir die beruhigte Fluth, und sonnet der Delphin,
> Aus der Tiefe gelokt, am neuen Lichte den Rüken?
> Blüht Ionien? ists die Zeit? denn immer im Frühling,
> Wenn den Lebenden sich das Herz erneut und die erste
> Liebe den Menschen erwacht und goldner Zeiten Erinnrung,
> Komm' ich zu dir und grüß in deiner Stille dich, Alter!

Fast jede hölderlinsche Zeile hat diesen rastlosen Charakter.
Das ist sein *Ton,* wie es in dem schönen Fragment ‚Vom Del-
phin' heißt. Die Unruhe, derer er im Leben nie Herr wurde, die
er einfach loswerden wollte, übersetzt er siegreich ins Gedicht,
verwandelt sie in das Prinzip selbst, aus dem *das Lebendige* ent-

steht. Das Gedicht, auch da, wo Friede, Stille, „Vollendruhe" (II, 253) erstrebt werden, kommt nie zum Stillstand. Wenn Ruhe erreicht wird, dann „nicht die leere, sondern die lebendige Ruhe, wo alle Kräfte regsam sind" (VI, 305).

Vom „Lebendigen in der Poësie" (VI, 289) wird später ausführlicher die Rede sein. Der Geist der Zeit – die Unruhe im persönlichen und politischen Leben – wird ins Gedicht übersetzt, in sein innerstes Wesen, „eingetrieben ... wie Feuer im Eisen" (II, 168). An der Zeit, am unbeständigen Leben in der Fremde, ging Hölderlin zugrunde; und doch bewältigt er die Zeit und das eigene Leben, als Topos und lebendiges Erlebnis, im Gedicht. Das deutete er wohl schon 1799 an, als er schrieb:

> Sei du, Gesang, mein freundlich Asyl! sei du
> Beglükender! mit sorgender Liebe mir
> Gepflegt, der Garten, wo ich, wandelnd
> Unter den Blüthen, den immerjungen,
>
> In sicher Einfalt wohne, wenn draußen mir
> Mit ihren Wellen allen die mächtge Zeit
> Die Wandelbare fern rauscht und die
> Stillere Sonne mein Wirken fördert. (I, 307)

Doch in Wahrheit ist das hölderlinsche Gedicht kein „Asyl". Er schrieb so, daß er auch im Gedicht „ausgesetzt" blieb. Das Gedicht überlebt, geht, wie er selber sagt, „andere Bahn" (II, 215), und zeugt in der Unruhe seiner Rhythmen vom Druck und von den Gefahren, denen er letztlich erlag. Hölderlin ging ins Ausland, blieb bis zum Schluß draußen, und war in zunehmendem Maße in der Fremde und der Fremdheit der eigenen dichterischen Sprache ausgesetzt.

3. „Wir leben in dem Dichterklima nicht"

Hölderlin wußte früh, was er im Leben machen wollte: seinem Beruf nachgehen, dem Dichterberuf. Er nennt ihn „diß unschuldigste aller Geschäffte", sein „eigenstes Geschäfft" (VI, 311, 297). Schon in der Klosterschule schreibt er viel, und teilt mit gleichgesinnten Freunden schwärmerische Gefühle, die als „poetisch" gelten. Er begeistert sich für Ossian, Klopstock, Young, Schubart, Schiller; strebt bereits mit pindarischem Schwung die „Unsterblichkeit" an. Im Stift schließt er mit den älteren Stipendiaten Neuffer und Magenau einen Dichterbund. Sie lesen einander vor, gebärden sich als Dichter. Es wird erzählt, daß ‚wenn [Hölderlin] vor Tische auf und abgegangen, sey es gewesen, als schritte Apollo durch den Saal' (VII, i, 399).

Diese Äußerlichkeiten und selbst die Verse des Bundes würden kaum beeindrucken, wenn nicht einer der Bündler zu einer eigenen unnachahmbaren Stimme gefunden hätte. Magenau rettete sich durch Ironie; Neuffer – ‚Meister *Genius*' oder ‚Genie Neuffer', wie er hinter seinem Rücken genannt wurde (VII, i, 22, 23) – blieb sein Leben lang philisterhaft und selbstzufrieden. Hölderlin löst sich von dem für damalige Verhältnisse nicht übermäßig affektierten Freundeskreis und geht seiner „Bestimmung entgegen", in die Einsamkeit. Allmählich wird ihm bewußt, wie anders er ist; so schreibt er an Neuffer, der das Versemachen ab und zu ruhen lassen konnte:

> „Du hast die Harfe, wie Du schreibst, eine Zeit lang an der Wand hängen gehabt. Das ist auch gut, wenn man ohne Gewissensbisse es thun kann. Dein Selbstgefühl ruht auch noch auf andrer glüklicher Thätigkeit; und so bist Du nicht vernichtet, wenn Du nicht Dichter bist." (VI, 243–44)

In Homburg, als er sich nach der Trennung von den Gontards eine eigene Existenz aufzubauen versucht, werden Hölderlin endgültig der Ernst und die Ausschließlichkeit seiner Berufung klar; doch schon seit Jahren, seit dem Moment, als er beim Verlassen des Stifts dem Konsistorium und seiner Mutter ausgeliefert werden soll, hat er im Namen seiner Dichtkunst gegen jede Vereinnahmung durch andere Widerstand geleistet. Die Kirche wartet, zeigt Geduld; aber die ängstliche Mutter hält ihn in finanzieller Abhängigkeit und empfiehlt ihm, sooft ihr eine neue Möglichkeit zu Ohren kommt, die ‚Einheirat‘ in eine Vikariatsstelle. Takt- und respektvoll weicht er aus. Er bittet um Zeit, hält sie mit vagen Versprechungen hin, und spielt sogar, um sie zu beschwichtigen, mit dem Gedanken, daß ein Leben als Pfarrer auf dem Lande für ihn, als Dichter, vielleicht doch nicht das Allerschlimmste wäre.

War das sein Ernst? Der Kompromiß hatte, auf den ersten Blick, manches für sich. Der Kirche zu dienen, an einem stillen Ort, und nebenbei irgendeiner gelehrten oder literarischen Tätigkeit nachgehen: viele begabte und auch gewissenhafte Männer (darunter Mörike) haben diese Kombination für möglich gehalten. Hölderlin nicht. Erstens war er – einer der größten religiösen Dichter, die es gibt – in seinen religiösen Vorstellungen viel zu unorthodox; und zweitens – ein eng mit dem ersten verknüpfter Grund – beanspruchte ihn die Dichtkunst vollkommen. Als dichtender Pfarrer wäre er weder dem einen noch dem anderen Beruf gerecht geworden.

Hölderlin suchte also „auf eignem Wege“ (VI, 292) nach einem Höchstmaß an Unabhängigkeit, um sich als Dichter verwirklichen zu können. Dieser Weg führte ihn, wie wir gesehen haben, in Unruhe und Unsicherheit; und wenn er in Briefen und Gedichten um Ruhe, um „eine bleibende Stätte“ (I, 307) fleht, so tut er dies nicht nur, weil er Umständen, die ihm nicht behagen, entkommen möchte, sondern auch, ja vor allem, weil er glaubt, daß seine dichterische Arbeit durch die Unruhe und Unstetigkeit seines Lebens großen Schaden erleidet. Für die volle Entfaltung seines Talents brauchte er, wie er mehrmals hervorgehoben hat, Zeit, Stille, einen freien Raum; er liebte und wünschte sich auch das „so schöne Gedeihn, das in allem [ist], was wir treiben, wenn es mit gehaltner Seele geschieht“ (VI, 253), doch gerade dies wurde ihm durch seine Lebensweise vorenthalten. Es gab zwar Momente, in denen er das Gegenteil behauptete: daß nämlich der Kampf, der Streit, die Herausforderung durch die Zeit, so chaotisch und niederträchtig wie sie ist, nötig sei; und beide Einstellungen haben ihre Richtigkeit. Er muß aber sicherlich beim Wort genommen werden, wenn er etwa an den Stiefbruder schreibt: „Weist Du die Wurzel alles meines Übels? Ich möchte der Kunst leben, an der mein Herz hängt, und muß mich herumarbeiten unter den Menschen, daß ich oft so herzlich lebensmüde bin" (VI, 264). Öfter schreibt er, wie einer, der hilflos zusehen muß, wie das eigene Leben mißglückt: „schwerlich wird mir etwas ganz gelingen, weil ich meine Natur nicht in Ruhe und anspruchloser Sorgenlosigkeit aufreifen ließ" (VI, 263). Und in einem Brief an Susette heißt es, im Konjunktiv der nun unmöglichen Bedingung: „Hätte ich mich zu Deinen Füßen nach und nach zum Künstler bilden können, in Ruhe und Freiheit ..." (VI, 370).

Hölderlin hat früh eingesehen, daß er „im Kriege der Welt" (VI, 302), „zerstörbarer [war] als mancher andre" (VI, 290). Und doch ist es unwahrscheinlich, daß es ihn je gereizt hätte, den Waffenstillstand oder die Zuflucht zu akzeptieren, wie eine Pfarrstelle sie geboten hätte.

Hölderlin wählte einen Weg, der damals für angehende Literaten und Gelehrte, die letztlich nach Unabhängigkeit strebten, gang und gäbe war. Er wurde Hofmeister, viermal. Und obwohl er mit dieser Tätigkeit nie glücklich wurde, und außerdem unfrei blieb, so daß er seinen Kurs später für verfehlt halten sollte, war die Stelle an sich nicht unbedingt schlecht. Sie bot – wenigstens theoretisch – verschiedene Vorteile, die er produktiv zu nutzen gedachte.

Als Hofmeister hatte er vor allem die Möglichkeit, auf Kinder Einfluß zu nehmen. Hölderlin betrachtete die Kindheit mit einer Art Ehrfurcht, und empfand es geradezu als Privileg, an einer richtigen Erziehung der Kinder teilnehmen zu dürfen. Zugegeben: er provozierte mit seinen besonders hohen Ansprüchen und Hoffnungen entsprechend hohe Enttäuschungen; und das Schreiben, das er durch Schiller als Selbstempfehlung an die von Kalbs nach Waltershausen schickte, (VI, 111–13), wird man heute, im Lichte seiner peinlichen Erfahrungen, kaum ohne Mitleid und eine gewisse Verlegenheit lesen können; aber, obwohl die Realität ihn ernüchterte, wich er im Grunde, bis zum letzten Versuch, von seiner idealistischen Auffassung des Metiers nicht ab. Er meinte (im September 1795), „daß in unserer jezigen Welt die Privaterziehung noch beinahe das einzige Asyl wäre, wohin man sich flüchten könnte mit seinen Wünschen und Bemühungen für die Bildung des Menschen" (VI, 177). Und noch kurz vor der Abreise nach Bordeaux erklärte er: „Ins abhängige Leben muß ich hinein, es sei, auf welche Art es wolle, und Kinder zu erziehen, ist jezt ein besonders glükliches Geschäfft, weil es so unschuldig ist" (VI, 424).

An seinem ersten Zögling, Fritz von Kalb, an dessen „Laster", ging der unerfahrene Erzieher Hölderlin beinahe zugrunde. Er spricht von „grausam fehlgeschlagenen Bemühungen" (VI, 177); er scheint, völlig gegen seine Natur und gegen alle seine erklärten Prinzipien, zur Rute gegriffen zu haben (was dem Gedicht „Da ich ein Knabe war ..." ein besonderes Pathos verleiht), und war froh, als Charlotte von Kalb ihn aus seinem Kontrakt entließ. In Frankfurt ging es, was den Unterricht betraf, viel besser. Zu dem achtjährigen Henry Gontard hatte Hölderlin bald ein hervorragendes Verhältnis, aber dann brach Unerfreuliches aus der Welt der Erwachsenen über sie herein. Henry schrieb: „Ich halte es fast nicht aus, daß Du fort bist ... Komm' bald wieder bei uns, mein Holder; bei wem sollen wir denn sonst lernen. Hier schick ich Dir noch Tabak ..." (VII, i, 57). Wie das Unterrichten in Hauptwyl und Bordeaux verlief, wissen wir nicht; es ist jedoch kaum anzunehmen, daß die jeweils auf so kurze Zeiträume befristeten Stellen sehr befriedigend waren. Obwohl Hölderlin als Erzieher wohl einige beglückende Erfahrungen machte, erlebte er weitaus mehr Enttäuschungen und Verdruß.

Besonders wichtig für den Erzieher, der eigentlich Schriftsteller werden wollte, war, daß der Unterricht nur wenige Stunden am Tag in Anspruch nahm. Der Lebensunterhalt war gesichert, und es blieb Zeit für die eigene Arbeit. In Waltershausen mußte sich Hölderlin vormittags von neun bis elf und nachmittags von drei bis fünf mit seinem Schüler beschäftigen; in Frankfurt gab er nur morgens Stunden; und obwohl er häufig über Druck und Zerstreuungen klagte, hat er die Zeit, die er für sich beanspruchen durfte, doch gut genutzt. Er schrieb. Schon in seiner ersten Stellung, und erst recht in der zweiten, hat er als Schriftsteller große Fortschritte gemacht. Außerdem gelang es ihm, seine Schriften auch in angesehenen Periodika (zum Beispiel in Schillers *Thalia, Horen,* und *Musenalmanach*) zu veröffentlichen; und in Jena fand er durch die Großzügigkeit seiner Brotherrin Charlotte von Kalb Zugang zu literarischen Kreisen und hatte ohne Zweifel Aussicht auf einen gewissen Erfolg als „homme de lettres" (wie er sich im Frühjahr 1802 in dem Paß nennt, der ihm für die Reise nach Bordeaux ausgestellt wurde). Insofern war die Hofmeisterstelle letztlich doch hilfreich und günstig; Hölderlins Kommilitone Hegel erreichte auf diesem Wege seine Unabhängigkeit.

Daß Hölderlin dies nicht gelang, liegt zweifellos an seinem Charakter; einem Charakter, den das eigentümlich Zerstörerische, ja – mit Hölderlin zu reden – das „Barbarische" der Zeit (VI, 327) gleichsam provozierte. Und obwohl die Hofmeisterstelle gewisse Vorteile bot, lag es in der Natur dieser Tätigkeit, daß sie alle Diskrepanzen und Unversöhnlichkeiten der Zeit in der schmerzvollsten Weise zum Vorschein brachte. Einem Mann wie Hölderlin mußte es in diesem Beruf wohl so ergehen, wie es ihm in Frankfurt tatsächlich erging.

In Waltershausen, bei den relativ liberalen und unkonventionellen von Kalbs, wurde der Hofmeister Hölderlin ganz selbstverständlich und mit Respekt in den Kreis der Familie und der Familienfreunde aufgenommen. Er berichtet von gemütlichen Abenden, wo alle, der Reihe nach, vorlasen, und von dem natürlichen, ungezwungenen Lebensstil, der in diesem Hause herrschte. „Ich lebe ganz one allen Zwang, den Etiquette und Stolz sonst einem auflegt in meiner Lage" (VI, 106). Aber was in Waltershausen schonend verdeckt wurde, die Tatsache nämlich, daß die Hofmeister eine sehr schwierige und zweideutige gesellschaftliche Position innehatten, das wurde ihm in Frankfurt mit brutaler Direktheit deutlich gemacht. Als sich der unglückliche Läuffer in Lenz' *Der Hofmeister* erdreistet, sich ins Gespräch seiner Dienstherren und deren Gäste einzumischen, wird er prompt zurechtgewiesen: „Merk Er sich, mein Freund! daß Domestiken in Gesellschaften von Standespersonen nicht mitreden. Geh Er auf Sein Zimmer. Wer hat Ihn gefragt?" Ähnliche, wenn auch vielleicht nicht ganz so eklatante Grobheiten muß der sensible Hölderlin erlebt oder beobachtet haben. Nachdem er das Haus verlassen hatte, faßte er in einer Art Apologie, die er an seine Mutter richtete, zusammen, was er sich dort alles gefallen lassen mußte:

> „Aber der unhöfliche Stolz, die geflissentliche tägliche Herabwürdigung aller Wissenschaft und aller Bildung, die Äußerungen, daß die Hofmeister auch Bedienten wären, daß sie nichts besonders für sich fordern könnten, weil man sie für das bezahlte, was sie thäten u.s.w. und manches andre, was man mir, weils eben Ton in Frankfurt ist, so hinwarf ..." (VI, 285)

Er war persönlich gekränkt, empfand es aber auch als eine absichtliche Beleidigung, gegenüber dem geistigen und künstlerischen Leben überhaupt.

Daß der Hofmeister sich in die Mutter oder die Tochter des Hauses verliebte, war fast zu erwarten. Es schien zu diesem Beruf zu gehören. Läuffer fällt – und entmannt sich, damit er nicht ein zweites Mal falle; es ist ein grausiger Gestus der Anpassung. Hölderlin verliebte sich in Susette Gontard. Zwischen Dichtern und Frauen gab es ein natürliches Bündnis: beide waren machtlos, höchstens als Schmuck gefragt, und wurden an den Rand geschoben. Gontards Motto hieß: „Les affaires avant tout". „Den Börsencours verstehe ich aufs Haar", hat er gesagt, „aber wie die Kinder geleitet werden sollen oder was sie lernen müssen, das ist nicht meine Sache; dafür muß die Mutter sorgen" (VII, ii, 65). Mutter und Hofmeister betätigten sich also in einer Sphäre, die dem Machtbereich des Mannes (der Börse) fernlag. Sie waren für die Bildung zuständig, und für alles Anmutige und rein Dekorative. Kaum hatte Hölderlin die neue Stellung angetreten, da ließ er sich von zu Hause die Flöte nachschicken, um mit Madame Gontard und der Gouvernante musizieren zu können.

Allein Susettes wegen nennt Hölderlin nach ihrem Tod die Stadt Frankfurt, in Anlehnung an Pindar, ‚den Nabel dieser Erde' (II, 250). In jeder anderen Hinsicht war Frankfurt für ihn die Hölle. Frankfurt, geldbesessen, war die Negation des Geistes, für Hölderlin die Negation schlechthin. Doch gerade weil sie in Frankfurt so unbekümmert verneint wurden, gewann er eine noch größere Klarheit über seine Ideale. Es lag in seiner Natur – und die Jahre in der Klosterschule und im Stift hatten diese Veranlagung bestätigt – seine Ideale *antithetisch* an der sie verneinenden Wirklichkeit zu entwickeln und zu behaupten. Durch ihr fühlbares Nichtvorhandensein wurde er dazu herausgefordert, sie noch überzeugender zu vergegenwärtigen. Nach Waltershausen und Jena, wo seine Probleme ganz persönliche Gründe hatten und nur den kleinen Kreis der Hausgenossen angingen und wo die übrige Mitwelt freundlich und kultiviert war, wurde Hölderlin in Frankfurt mit einer sehr schroffen Wirklichkeit konfrontiert. In Frankfurt stellte er endgültig fest: „Wir leben in dem Dichterklima nicht" (VI, 264). In Briefen berichtet er mit Abscheu von der Frankfurter Gesellschaft, und deutet an, wie sehr er darunter gelitten hat. Er erwähnt zum Beispiel voller Verständnis, daß die Leute, bei denen Hegel als Hofmeister einziehen sollte, „gröstentheils sich selbst leben, weil sie und besonders die Frau, mit den Frankfurter Gesellschaftsmenschen und ihrer Steifigkeit, und Geist- und Herzensarmuth nicht sich befassen und verunreinigen und ihre häusliche Freude verderben mögen" (VI, 220). Susette schickte den jungen Henry nach Hölderlins Weggang aus Frankfurt fort, in ein Internat, weil sie Angst hatte, daß er sonst korrumpiert würde. Hölderlin schrieb: „Es ist recht gut für ihn, daß er aus Frankfurt weg ist, wo jeder Tag seine wahrhaft edle Natur wo nicht verdarb, doch entstellte" (VI, 385). Das war „die Prunkwelt ... freudelos und trostlos ... diese traurige Komedie". „Hier ... siehst Du" (so an Neuffer, April 1798), „wenig ächte Menschen ausgenommen, lauter ungeheure Karikaturen. Bei den meisten wirkt ihr Reichtum, wie bei Bauern neuer Wein; denn gerad so läppisch, schwindlich, grob und übermüthig sind sie" (VI, 276, 270).

Hölderlin durchschaute den Stand der Dinge und sah auch voraus, wie es weitergehen würde, noch brutaler, unter der Macht des Geldes und im Zeichen eines rein materiellen Fortschritts. In diesem zentralen Punkt gehörte er tendenziell zur

Romantik, deren großes Verdienst es war, in zwei Generationen, in revolutionärer und in reaktionärer Zeit, durch scharfe Kritik das Schlechte – vor allem der Instrumentalisierung der Vernunft – und durch utopische Zukunftsentwürfe die besseren Möglichkeiten im Leben der Menschen aufgezeigt zu haben. Weil er auch in anderer Hinsicht – sprachlich, philosophisch, poetologisch, und in der Weite, Vielfalt und Eigenwilligkeit seiner Vorstellungen – als Dichter so faszinierend ist, wird (oder wurde wenigstens) manchmal übersehen, daß er seine dichterische Gabe gern dazu gebrauchte, in unmißverständlichen Worten, ein für allemal, die Wahrheit auszusprechen über die realen Verhältnisse, in denen man lebte und noch heute lebt. Frankfurt schärfte seinen Blick. Als Hyperion nach Deutschland auswandert, sieht er dort, was Hölderlin in Frankfurt sah:

„Barbaren von Alters her, durch Fleiß und Wissenschaft und selbst durch Religion barbarischer geworden, tiefunfähig jedes göttlichen Gefühls, verdorben bis ins Mark zum Glük der heiligen Grazien, in jedem Grad der Übertreibung und der Ärmlichkeit belaidigend für jede gutgeartete Seele, dumpf und harmonielos ...

Handwerker siehst du, aber keine Menschen, Denker, aber keine Menschen, Priester, aber keine Menschen, Herrn und Knechte, Jungen und gesezte Leute, aber keine Menschen ...

Es ist nichts Heiliges, was nicht entheiligt, nicht zum ärmlichen Behelf herabgewürdigt ist bei diesem Volk, und was selbst unter Wilden göttlichrein sich meist erhält, das treiben diese allberechnenden Barbaren, wie man so ein Handwerk treibt, und können es nicht anders, denn wo einmal ein menschlich Wesen abgerichtet ist, da dient es seinem Zwek, da sucht es seinen Nuzen ...“ (III, 153–4)

In dem großen Archipelagus-Gedicht folgt, nach Bildern des Wiederaufbaus in Athen, Bildern schöner menschlicher Arbeit im Einklang mit der Natur, das grauenhafte Gegenteil:

Aber weh! es wandelt in Nacht, es wohnt wie im Orkus,
Ohne Göttliches unser Geschlecht. Ans eigene Treiben
Sind sie geschmiedet allein, und sich in der tosenden Werkstatt
Höret jeglicher nur und viel arbeiten die Wilden
Mit gewaltigem Arm, rastlos, doch immer und immer
Unfruchtbar, wie die Furien, bleibt die Mühe der Armen.

(II, 110)

Und auch andernorts, im *Empedokles,* in ,Dichterberuf‘, in ,Der Frieden‘, greift Hölderlin das zeitgenössische Leben an, und warnt. Er warnt vor der völligen Entfremdung und Verschlechterung des Lebens. Er wollte eben, wie später Brecht, ein menschenwürdiges Dasein, und nicht das entmenschte, kalte, geldgierige und mechanische Dasein, dessen Aufschwung er in Frankfurt erleben mußte. Und wenn er ein ,Dichterklima‘ herbeiwünscht, so hat er mehr, weit mehr als das eigene Wohlbefinden im Sinn. Er wünscht das allgemeine Wohl, das Wohl der Menschheit herbei; denn nur eine Welt, in der die Dichtkunst – Kunst und geistiges Leben überhaupt – nicht verachtet und an den Rand geschoben wird, wäre, seiner Meinung nach, menschlich und menschenwürdig.

Mit dem eigentlichen Beruf des Dichters in solcher ,dürftigen Zeit‘ befassen wir uns später; hier möchte ich nur kurz vorausschicken, daß er sich notwendigerweise der Zeit widersetzen muß, und daß er dabei Gefahr läuft, Schaden zu erleiden oder gar unterzugehen. Zu dieser Erkenntnis kam Hölderlin gegen Ende seiner Frankfurter Jahre: ,Ist doch schon mancher untergangen, der zum Dichter gemacht war. Wir leben in dem Dichterklima nicht. Darum gedeiht auch unter zehn solcher Pflanzen kaum eine‘ (VI, 264). Und in ,Dichtermuth‘, mit dem Bild des Schwimmers, der ertrinkt, setzt er den verlorenen Genossen ein Denkmal:

> Wenn des Abends vorbei Einer der Unsern kömmt,
> Wo der Bruder ihm sank, denket er manches wohl
> An der warnenden Stelle,
> Schweigt und gehet gerüsteter.

> (II, 63)

In den Sommermonaten 1797 wurde Hölderlin, gemeinsam mit Siegfried Schmid, zu einem Thema im Briefwechsel zwischen Goethe und Schiller. Über zwei Gedichte von Hölderlin – ,Der Wanderer‘ und ,An den Aether‘ – gab Goethe, von Schiller dazu aufgefordert, ein Urteil ab; und bald danach wurde er, als er sich auf einer Reise in die Schweiz einige Zeit in Frankfurt aufhielt, von jedem der beiden etwas schwierigen Protégés Schillers besucht. Er empfing Hölderlin durchaus nicht unfreundlich und riet ihm, fortan „kleine Gedichte zu machen" (VII, ii, 109). Schiller seinerseits entwickelte über Schmid und Hölderlin (und er fügte noch Jean Paul hinzu) die folgenden Reflexionen:

> „Ich möchte wissen, ob diese *Schmidt,* diese *Richter,* diese Hölderlins absolut und unter allen Umständen so *subjectivisch,* so überspannt, so einseitig geblieben wären, ob es an etwas *primitivem* liegt, oder ob nur der Mangel einer aesthetischen Nahrung und Einwirkung von außen und die *Opposition* der empirischen Welt in der sie leben gegen ihren *idealischen* Hang diese unglückliche Wirkung hervorgebracht hat. Ich bin sehr geneigt das letztere zu glauben."

Der Charakter entsteht durch Reaktion; ein dichterisches Werk vielleicht auch. Schiller erkennt, daß die Umstände drängen und daß, auf diese Umstände reagierend, „manches brave Talent ... verloren geht"; nichtsdestoweniger tadelt er die Hölderlins und die Schmids, weil sie sich auf die Herausforderung einlassen:

> „H. *Schmidt,* so wie er jetzt ist, ist freilich nur die entgegengesetzte *Carricatur* von der Frankfurter empirischen Welt, und so wie diese nicht Zeit hat, in sich hinein zu gehen, so kann dieser und seines gleichen gar nicht aus sich selbst heraus gehen. Hier möchte ich sagen, sehen wir Empfindung genug aber keinen Gegenstand dazu, dort den nackten leeren Gegenstand ohne Empfindung." (VII, ii, 107)

Schiller hätte sich vielleicht etwas nachsichtiger ausdrücken können, aber im Grunde war das, was er sagte, zutreffend. Zur selben Einsicht, mit noch tieferem Bedauern, kam ja auch Hölderlin selbst. Er fürchtete, daß ein Charakter, der sich ständig gegen eine feindliche Umwelt, etwa gegen „das prosaische Frankfurt" (Schiller), behaupten mußte, schließlich entstellt und verzerrt würde:

> „Wer erhält in schöner Stellung sich, wenn er sich durch ein Gedränge durcharbeitet, wo ihn alles hin und her stößt? Und wer vermag sein Herz in einer schönen Gränze zu halten, wenn die Welt auf ihn mit Fäusten einschlägt? Je angefochtener wir sind vom Nichts, das, wie ein Abgrund, um uns her uns angähnt, oder auch vom tausendfachen Etwas der Gesellschaft und der Thätigkeit der Menschen, das gestaltlos, seel- und lieblos uns verfolgt, zerstreut, um so leidenschaftlicher und heftiger und gewaltsamer muß der Widerstand von unsrer Seite werden ... Die Noth und Dürftigkeit von außen macht den Überfluß des Herzens zur Dürftigkeit und Noth ... Wird so nicht unser Reinstes uns verunreinigt durch Schiksaal, und müssen wir nicht in aller Unschuld verderben?" (VI, 253–54)

Man fühlt sich an Brecht erinnert: „Auch der Haß gegen die Niedrigkeit/Verzerrt die Züge./Auch der Zorn über das Unrecht/Macht die Stimme heiser." Der Charakter wird gleichsam verzerrt, und dadurch, daß der Dichter sich verteidigt und seine Idealvorstellungen der sie verneinenden Wirklichkeit entgegensetzt, wird das Talent, wie Goethe es formuliert, ‚forciert'. Und zu den „forcierten Talenten" (VII, i, 49) hätte Hölderlin viel lieber nicht gezählt.

Ein prosaisches, und das heißt in seinen Augen ein „seel- und liebloses", ja entmenschtes Zeitalter bildete also den Rahmen, in dem Hölderlin seinen Beruf als Dichter ausüben mußte. Seiner Verantwortung, aber auch seiner Gefährdungen, war er sich voll bewußt.

4. Liebe und Freundschaft

Mehrere Gedichte Hölderlins sind bestimmten beim Namen genannten Freunden – Stäudlin, Neuffer, Heinse, Sinclair, Siegfried Schmid – gewidmet. Ja, das Gedicht spricht den Freund an, und daß es das tut, daß zwei Menschen durch das Gedicht ins Gespräch kommen, wird zu einem wesentlichen Teil seiner Gesamtbedeutung. ,Brod und Wein', zum Beispiel, sollte man zunächst als *Gespräch* mit Heinse lesen, als einen taktvollen Versuch, dem Freund, der den Tag liebt, dem Hellenen, auch das Dunkle, die Nacht, (das heißt, die jetzige Zeit, die wirkliche Lage der Dinge) verstehbar zu machen; den ,Rhein', ,An Eduard', und vielleicht auch ,Andenken' als das fortwährende Bemühen Hölderlins, gegenüber dem radikalen und politisch aktiven Sinclair sich selbst und die eigene Rolle zu bestimmen. Es gibt durchaus eine hohe Rhetorik bei Hölderlin, Momente des hohen – sozusagen, öffentlichen – Pathos; aber charakteristisch, und sehr sympathisch, ist auch der Ton des intimen Gesprächs, wo wirklich ein Freund, die Familie, die geliebte Frau in der jeweils passenden Weise angesprochen wird. Überhaupt hat das Wort „Gespräch", wie Hölderlin es in den späteren Gedichten verwendet, eine wunderbare und ganz eigene Resonanz: „Gut/Ist ein Gespräch und zu sagen/Des Herzens Meinung" (II, 189). Das Gespräch wird zu einem Zustand, in dem Liebe, Freundschaft, tiefstes Verständnis verwirklicht worden sind: „Seit ein Gespräch wir sind und hören voneinander" (III, 536); „himmlisch Gespräch ist sein nun" (II, 68).

In der Klosterschule und im Stift schließt Hölderlin enge, schwärmerische Freundschaften und setzt sich mit diesen wenigen Gleichgesinnten zur Wehr gegen eine feindliche – höhnische, philisterhafte – Welt. Bemerkenswert, und zugleich auch bedenklich ist, daß er Freundschaft von Anfang an als notwendiges Bündnis, ja fast als einen Zustand des Belagertseins begreift. Wie Verfolgungswahn klingt es, wenn er in seinen ersten Gedichten die Geliebte, die Schwester, die Mutter immer wieder als schutzbedürftig darstellt, von „Lasterhaften", Spöttern und Peinigern bedroht. Er kann kaum einen realen Grund dafür gehabt haben; und was er, von Magenau bestätigt, in der Schule und im Stift erlebte – Roheit und Dummheit – ging wohl nicht über das übliche Maß hinaus; aber es reichte, um eine ihm eigene Veranlagung oder Haltung – die der Opposition – zu bekräftigen, und es ließ sich in späteren und besseren Gedichten zu Bildern erhöhen, die eine überpersönliche Gültigkeit haben.

Im Stift, wo die Stimmung bald „äußerst democratisch" war, wo „ohne Scheu die französische Anarchie und der Königsmord öffentlich vertheidigt" wurden (VII, i, 444), und der Landesvater Karl Eugen (Schillers Verfolger, Schubarts Kerkermeister) als Verkörperung eines verhaßten und maroden Ancien Régime angeprangert wurde, gewann die Freundschaft, der oppositionelle Bund, auch einen kämpferischen Aspekt. In ihre Stammbücher schrieben sich die Stiftler („von dem Freyheits-Schwindel angesteckt", VII, i, 436) als „bon patriote" ein, sie schworen „Bei den zu Marathon Gefallenen", und schieden voneinander mit der Losung „Reich Gottes" (VII, i, 431, 475; VI, 126). Aus Frankreich kam der Begriff der *fraternité* über die Grenze zu ihnen. Die Revolution, oder die Hoffnung darauf, ging „in die Adern alle des Lebens" (II, 99) und verstärkte die Forderung der jungen Leute nach einer besseren Gesellschaft, deren neue Grundlage Liberté, Egalité, Fraternité sein sollten; und letztere, unter Freunden im kleinen schon realisierbar, sollte als Basis oder Sprungbrett für die Durchführung der beiden ersten dienen. Diese kleine, aber keineswegs zu verachtende Verwirklichung ist möglich, so wie das Gedicht möglich ist, das sie darstellt und preist; und das konnte damals, wo „the whole earth/The beauty wore of promise" (Wordsworth), schon als ein guter Anfang erscheinen und Hoffnungen erwecken auf eine breitere Wirkung auf der Grundlage des Erfolgs im kleinen Kreis. Solche Bünde, Männerbünde, gab es in Jena und Homburg, und Hölderlin kam mit ihnen durch Sinclair in Berührung, wenn auch bei weitem nicht so intensiv wie Sinclair selbst. Es nahm, im Hochverratsprozeß von 1805, ein schauerliches Ende: Hölderlin wird durch ein ärztliches Gutachten für unzurechnungsfähig erklärt, und ruft bei jeder Gelegenheit: „Ich will kein Jacobiner seyn!" (VII, ii, 339). Im Turm jedoch nannte er sich manchmal Buonarotti, was *vielleicht* – wer kann es wissen? – zurückweist auf die Tage der Hoffnung. Die Idee einer heroischen Freundschaft nach klassischem Muster – Achilles und Patroklos, Harmodius und Aristogiton – lag Hölderlin sehr am Herzen. Er reihte seine eigene Freundschaft zu Sinclair in diese Tradition ein, wußte aber, daß sich das große Potential solcher Freundschaften („O wie hatten die alten Tyrannen so recht", sagt Hyperion [III, 105], „Freundschaften, wie die unsere, zu verbieten!") nicht ohne Verlust und Verzerrung in die Wirklichkeit, in Taten umsetzen ließ; und in der Konstellation Hyperion-Alabanda ging er dieser Enttäuschung auf den Grund.

Ebenso leidenschaftlich und, was ihre Wirkung betrifft, vielleicht vielversprechender noch, sind Verbindungen ethischpädagogischer Art, wie Adamas-Hyperion, Empedokles-Pausanias und, etwa im Patmos-Gedicht, Christus-Johannes sie verkörpern. Vorstellungen eines menschenwürdigen Daseins werden dem Schüler oder Jünger um so überzeugender vermittelt, weil sie im geliebten und verehrten Lehrer schon verwirklicht zu sein scheinen. Dadurch daß Adamas, Empedokles und Christus sich entfernen müssen, wird bei den Zurückbleibenden „der Trieb des Idealisirens" (VI, 328) erst recht gesteigert.

Während der Revolutionsjahre, und in der Zeit der Besinnung, die auf sie folgte, wurde ständig die Frage gestellt – sowohl von den Beteiligten wie auch von denen, die billigend oder mißbilligend zusahen – ob man überhaupt einen neuen Staat errichten könne, ohne daß die Menschen, die ihn errichten wollen, nicht zuerst sich selbst ‚erneuern'. Schiller empfand es als selbstverständlich, daß „eine verderbte Generation" nur Verderbtes hervorbringen würde: deshalb der lange Weg der ästhetischen Erziehung. Und die Handelnden quälte das gleiche Dilemma: die Revolution wurde von Menschen gemacht, die ihrer mächtigen Dynamik nicht oder noch nicht moralisch gewachsen waren. Robespierre: „Nous, malheureux! nous élevons le temple de la liberté avec des mains encore flétries des fers de la servitude." So ließen sich die Ausschreitungen des Volks und ihrer Führer erklären und, vielleicht, entschuldigen. „The outrages were not the effect of the Principles of the Revolution, but of the degraded mind that existed before the Revolution, and which the Revolution is calculated to reform" (Thomas Paine). Robespierre war dies ebenso klar wie Schiller. Er schrieb (kurz vor der Schreckensherrschaft): „pour former nos institutions politiques, il nous faudroit les moeurs qu'elles doivent nous donner un jour." Hyperions neues Griechenland, der Freistaat, der aus den Trümmern Athens entstehen soll, fragt, wie er meint, „nach Menschen". Und er verspricht: „Sie werden kommen, deine Menschen" (III, 90). Es sind Menschen gefragt wie die, die im ‚Archipelagus' mit wunderbarer Leichtigkeit die neue Stadt aufbauen. Aber in Mistra, genau dem Ort, den man für die Stätte des alten Sparta hielt, laufen seine Leute Amok. Sie plündern und morden. Voller Bitterkeit gibt er schließlich zu: „In der That! es war ein außerordentlich Project, durch eine Räuberbande mein Elysium zu pflanzen" (III, 117). Die Freundschaften, und erst recht die Liebe, die Hölderlin erlebt, geben ihm den Mut, in seiner Dichtung darauf zu bestehen, daß Menschen, wahre Menschen, schon vorhanden sind, einige wenige. In ihnen ist die notwendige ethische Revolution bereits vollendet; oder sie *sind* schon, wie Susette Gontard, von Natur aus, das, was es nun, gesellschaftsverändernd, zu verbreiten gilt.

Hölderlin war ein sehr anziehender Mann. Und er verliebte sich leicht. Mutter und Schwester wußten es, und er macht ihnen auch in dieser Hinsicht Sorge. An letztere schrieb er im Januar 1794: „Daß Dir aber nicht bange wird, liebe Rike! für dein reizbares Brüderchen" (VI, 105); verliebte sich dann in Charlottes Gesellschafterin Wilhelmine Kirms, und hatte mit ihr ein Kind, Louise Agnese, das im September 1796, ein Jahr und neun Wochen alt, an den Blattern starb. Er spricht, an Neuffer, ganz offen von ihr: „In Waltershausen hatt' ich im Hauße eine Freundin, die ich ungerne verlor, eine junge Wittwe aus Dresden, die jezt in Meinungen Gouvernante ist. Sie ist ein äußerst verständiges, vestes, u. gutes Weib" (VI, 153). In einem Brief an seine Schwester nennt er sie „eine Dame von seltnem Geist und Herzen" (VI, 105). Er war schon Hofmeister in Frankfurt, als seine Tochter starb, und bereits in Susette Gontard verliebt; die „Louise Agnese Geschichte" verfolgte ihn, und kursierte in der Stadt. Frivol oder leichtsinnig war sein Verhältnis mit Wilhelmine Kirms zweifellos nicht; es scheint für ihn aber, zusammen mit den anderen Sorgen, die er damals hatte, eher erschütternd als beglückend gewesen zu sein. Wie ihr zumute war, wissen wir nicht.

Anders, ernster, beglückender, am Ende noch erschütternder, war Hölderlins Liebe zu Susette Gontard. Diese Liebe hatte etwas Endgültiges. Das Erlebnis ging als neuer Impuls in den Roman ein, den er in ihrem Haus gründlich umarbeitete. Das Erlebnis der Gewißheit, des einmal vergegenwärtigten Glücks: „Ich hab' es Einmal gesehn, das einzige, das meine Seele suchte, und die Vollendung, die wir über die Sterne hinauf entfernen, die wir hinausschieben bis an's Ende der Zeit, die hab' ich gegenwärtig gefühlt" (III, 52). In Briefen sagt er es kaum prosaischer:

„Ich bin in einer neuen Welt. Ich konnte wohl sonst glauben, ich wisse, was schön und gut sey, aber seit ich's sehe, möcht' ich lachen über all' mein Wissen. Lieber Freund! es giebt ein Wesen auf der Welt, woran mein Geist Jahrtausende verweilen kann und wird, und dann noch sehn, wie schülerhaft all unser Denken und Verstehn vor der Natur sich gegenüber findet. Lieblichkeit und Hoheit, und Ruh und Leben, u. Geist und Gemüth und Gestalt ist Ein seeliges Eins in diesem Wesen. Du kannst mir glauben, auf mein Wort, daß selten so etwas geahndet, und schwerlich wieder gefunden wird in dieser Welt." (VI, 213)

Als er Neuffer mit ihr bekanntmachte, soll er ihm zugeflüstert haben: „Nicht wahr, eine Griechin?" (VII, ii 83), und so nennt er sie fortan in seiner Dichtung: „Athenäa", „die Athenerin", „Diotima". Für ihn gab es kein höheres Lob. Andere haben sie ebenfalls mit den Augen der Klassik betrachtet, aber nur Hölderlin tat dies mit vollem Ernst. Sie war für ihn das erlebte, gegenwärtige Ideal, und sein Wort dafür lautete: eine Griechin. Ein Wahr- und Wirklichwerden der Bilder ist, wenigstens einmal im Leben, für jeden Dichter essentiell, und Hölderlin erfuhr dies mit Susette. Wie natürlich geht sie in seine Dichtung ein – was keine Entrückung aus dem wirklichen Leben bedeutet.

Im Gegenteil: unvermeidlich, schön und tragisch beleben Dichtung und Wirklichkeit sich wechselseitig. Den zweiten Band des *Hyperion* widmet er ihr („Wem sonst als Dir?") und schreibt ihr dazu: „Verzeih mirs, daß Diotima stirbt" (VI, 370).

Ihre Liebe wird wie von selbst emblemhaft, das sehen sie beide bald ein. Die bloße Existenz einer Susette Gontard mitten in Frankfurt hatte für Hölderlin die Kraft eines Wunders; sie, und noch vielmehr ihre gemeinsame Liebe, widerspricht der Stadt. Die Liebe wird, ob sie es will oder nicht, zu einem Zustand der Opposition. Unter Liebenden entsteht von selbst die radikale Antithese zu Geld und Selbstsucht und hastigem, fruchtlosem, gottlosem Treiben. Der Zustand vor der Entfremdung, vor der Entmenschlichung, wird, ohne alle verzerrenden Bemühungen, zurückgewonnen. So feiert es Hölderlin, als sie schon am Rande des Verlusts stehen:

> „Erinnerst Du Dich unserer ungestörten Stunden, wo wir und wir nur um einander waren? Das war Triumph! beede so frei und stolz und wach und blühend und glänzend an Seel und Herz und Auge und Angesicht, und beede so in himmlischem Frieden neben einander! Ich hab' es damals schon geahndet und gesagt: man könnte wohl die Welt durchwandern und fände es schwerlich wieder so. Und täglich fühl' ich das ernster." (VI, 337)

Und so erscheinen sie in ‚Menons Klagen' „zufrieden gesellt, wie die liebenden Schwäne", in vollkommener Selbstgenügsamkeit –

> Ruhig lächelten wir, fühlten den eigenen Gott
> Unter trautem Gespräch; in Einem Seelengesange,
> Ganz in Frieden mit uns kindlich und freudig allein …
> (II, 76)

– oder in jenem geisterhaften Garten, den das Gedicht ‚Wenn aus der Ferne …' so erschütternd zurückholt, in den Turm. In solchen Bildern wird, still und unabweisbar, der Welt des Kaufs und des Verkaufs einfach widersprochen.

Es fällt aber auf, wie isoliert und schutzlos die Liebenden sind. Sie werden in fast allen Liebesgedichten Hölderlins angefeindet und bedroht, und wohl auch oft überwältigt. Immer wieder scheint die Liebe in einem Umfeld auf, das ihr konträr ist; und es gehört zur Eigenart des hölderlinschen Gedichts, daß die

Liebe, bedroht und häufig unterlegen, doch als Möglichkeit besteht. Denn das Gedicht hält, als mögliche Wirklichkeit, alle ins Spiel gebrachten Kräfte und Impulse am Leben.

Hölderlin meinte, daß die Griechen ihr Reich auf Liebe gegründet hätten (I, 126); ihnen war die Liebe eigen und natürlich. Er nennt die Erde „allliebend" (II, 146), und faßt die Entstehung und das Gedeihen der Liebe gern als etwas Organisches auf („Wachs und werde zum Wald" II, 21). Jeder, der liebt, wenn die Zeiten unnatürlich sind und das Leben nichts ist als „Maschinengang" (IV, 278), kehrt in den Zustand der Unschuld zurück, und wird verletzlich. Anders als die auf Taten zielende Männerfreundschaft, wirkt die Liebe, wenn überhaupt, eher als Beispiel und Zeugnis. Eine Wirkung – Bekehrung, heilsame Ansteckung – darf zwar erhofft werden: „Sprache der Liebenden/Sei die Sprache des Landes" (II, 21); am Ende aber ist die Liebe machtlos, zeugt nur von sich selbst und geht beispielhaft, das heißt als Opfer, unter. Und beides – das Zeugnisablegen und zugleich den Untergang – vollziehen Hölderlins Gedichte nach. Wie es ist, welche Empfindung entsteht, wenn die Liebe „in die dürftigen Herzen" (I, 231) einkehrt, das verlebendigen die Zeilen mit ihrem langen Atem:

> Da rauschten
> Lebendiger die Quellen, es athmeten
> Der dunkeln Erde Blüthen mich liebend an,
> Und lächelnd über Silberwolken
> Neigte sich seegnend herab der Aether.
>
> (I, 314)

‚Der Triumph' dauerte nicht lange. Ende 1798 mußte Hölderlin das Haus Gontard nach einem demütigenden wenn auch eigentlich nicht allzu bedeutsamen Zwischenfall verlassen. Er siedelte in das drei Stunden entfernte Homburg über. Einmal im Monat, wenn nichts dazwischenkam, traf er Susette und tauschte mit ihr Briefe aus, mit einer List und Heimlichkeit, die beide anwiderte. Es war ein lang hinausgezogener Abschied, den sie dann am 8. Mai 1800 in vollem Einverständnis, aus eigenem Entschluß, endgültig beschlossen. Susettes Briefe – einzigartige Briefe – sind erhalten. Wenn man sie liest, erlebt man den Verlust am unmittelbarsten, aus dem die Dichtung Hölderlins ihr eigentümliches Pathos gewinnt. Beide begreifen, daß sie einander verlieren werden: „Es ist wohl der Thränen alle werth, die wir seit Jahren geweint, daß wir die Freude nicht haben sollten, die wir uns geben können ..." (VI, 370). Das Beste ihres Lebens wird ihnen geraubt. Sie finden sich ab. Susette willigt ein, daß er fortzieht: „Handele auch Du, für Dich und laß nicht die tägliche Sorge für künftige Exsistenz Deine besten Kräfte vor der Zeit lähmen und ersticken, ich billige Dich gewiß" (VII, i, 89). Sie, die ihn verstand wie niemand sonst („Wenige sind wie Du!" VII, i, 80) wollte, daß er sich verwirklichte (und das heißt, zu seiner Dichtung fand), auch fern von ihr, wenn es sein mußte. Ihr Trost, das was ihr Mut zur Entsagung gab: „ich weiß ja doch, Du hast mich lieb, wie ich Dich, und das kann mir niemand nehmen ... Du bist unvergänglich in mir! und bleibst so lang ich bleibe ... die Unsichtbaren Beziehungen dauern doch fort und das Leben ist kurtz" (VII, i, 99, 101, 83).

Die Zeiten, zumal die Art und Weise wie sie sich in Frankfurt manifestierten, empfand Hölderlin als der Dichtkunst feindlich gestimmt; ebenso der Liebe. Ähnlich wie dem Dichter droht es den Liebenden, daß sie nicht werden überleben können. Und das ist konsequent. Die Zeiten unterdrücken und versuchen das, was ihnen widerspricht, zu vernichten: „Seit der gewurzelte/Allentzweiende Haß Götter und Menschen trennt,/Muß, mit Blut sie zu sühnen,/Muß der Liebenden Herz vergehn" (II, 24). Aus dieser Einsicht heraus, daß der Haß (oder ‚die Ungestalte die Furcht' oder ‚die knechtische ... die Sorge' II, 26, 20) siegen wird, tun die Liebenden aus freiem Willen – „daß ... noch unser der Abschied sei!" (II, 26) – was ihnen sonst abgezwungen würde, und retten ihre Liebe in ein schönes und unbestimmtes Anderswo hinüber. Diesen Rückzug traten Hölderlin und Susette sehr ungern an: Wer will „von Verläugnung leben"? (VI, 371). Liebende gewiß nicht. Susette schrieb:

„Verbunden sind wir stark, und unwandelbar, im schönen und im Guten, über alle Gedanken hienaus im Glauben und im Hoffen. Aber diese Beziehung der Liebe bestehet in der Würklichen Weldt die uns einschließt nicht durch den Geist allein. auch die Sinne (nicht Sinnlichkeit) gehören dazu, eine Liebe die wir ganz der Würklichkeit entrücken, nur im Geiste noch fühlen keine Nahrung und Hoffnung mehr geben könnten, würde am Ende zur Träumerey werden oder vor uns verschwinden, sie bliebe, aber wir wüßten es nicht mehr und ihre wohltätige Wirkung auf unser Wesen würde aufhöhren." (VII, i, 67)

Schließlich siegen sie im Geist; wollten aber ,Plaz auf Erden' (III, 96). Sie werden am Ende zum Opfer, und willigen ins häßlich Notwendige ein. Was die Zeiten – und das „uns tyrannisierende Gesellschafts-Etwas" (Fontane) - ihnen antun, ist „unverzeihlich" (I, 254). Daß die Liebenden etwas aufgeben müssen, was dem Leben eigentlich unentbehrlich ist („Denn o saget, wo lebt menschliches Leben sonst?" II, 20), gibt der Trauer in Hölderlins Gedichten – etwa in ,Der Abschied', ,Menons Klagen', ,Wenn aus der Ferne . . .' – einen Unterton des Entsetzens. Diese Gedichte beschwören immer wieder das schöne Leben, das erfüllte Dasein, die Freude, die Unschuld, die Zufriedenheit herauf, nur um diesen – wahrhaft menschenwürdigen – Zustand entsetzt in Trauer und Sehnsucht aufzulösen. Die Unentbehrlichkeit der Liebe wird mit einer wunderbaren Lebhaftigkeit dargestellt; und daraufhin, unabwendbar, der Verlust. Denn Hölderlin hat, wie kaum ein anderer, die ,Psychologie' der Elegie verstanden und sie in die Praxis seiner Dichtung übersetzt. Die Verse steigen erst in Freude und Feier auf, und gehen dann in Trauer über und sinken nieder. Was sie erhebt – der Triumph, die erlebte Liebe – das zieht sie unwiderstehlich genauso tief hinab. Je höher der Aufstieg (das heißt, je intensiver der Triumph in den Versen fühlbar gemacht wird), desto tiefer der Abgrund, in den der dichtende, sich erinnernde Geist hinabstürzt, sobald das Bewußtsein des Verlusts über ihn hereinbricht.

Diese wellenartige Bewegung (die wahre Äußerung der Seele der Elegie) erlebt man am unmittelbarsten beim Lesen von ,Menons Klagen'; aber ein solches Aufsteigen und Niederfallen, ein unruhiges Hin und Her zwischen Freude und Trauer, ist allgemein kennzeichnend für Hölderlins Gedichte. Das ist sein Rhythmus, der der Situation entspricht, in der er von nun an zu leben genötigt ist. Er muß weiterleben in der Abwesenheit der geliebten Frau, durch die das Leben erst seinen vollen Sinn erhielt. In den Elegien – zuerst auf persönlicher, dann mehr auf kultureller Ebene – wird versucht, aus einem einmal Dagewesenen, aus der erlebten Erfüllung, Mut zu schöpfen für das Weiterleben. Das Gedicht macht sich selber Mut, indem es die verlorene Liebe immer wieder vergegenwärtigt, und erzeugt dabei, in dem Maße, wie es erfolgreich ist, die Gefahr des ‚Vertrauerns‘. Denn das, was Mut geben soll, kann leicht auch verzehrend wirken, eben weil es verloren ist. Hölderlins Dichtung, die immer – und das gilt auch für die Hymnen – mehr oder weniger elegisch gefärbt ist, zeigt daher ein rastloses Oszillieren zwischen Beschwörung und Untergang. Er beschwört zum Beispiel in ‚Thränen die *allzu*geliebten griechischen Inseln herauf (‚Ihr nemlich geht nun einzig allein mich an‘) und setzt sich dadurch der Gefahr aus, in Trauer über ihren jetzigen Zustand (‚voll Asche‘, ‚wüst und vereinsamet‘) unterzugehen: ‚Ihr waichen Thränen, löschet das Augenlicht/Mir aber nicht ganz aus ...‘ Auch Susette wußte, welches verzehrende Leid sie durch die Trennung auf sich laden würden. Ende Oktober 1799 schrieb sie: ‚Ich fühlte es lebhafft, daß ohne Dich mein Leben hinwelkt und langsam stirbt‘ (VII, i, 90). In derselben Woche schreibt Hölderlin an sie (nicht als Antwort, die Briefe werden getauscht): ‚Es ist himmelschreiend, wenn wir denken müssen, daß wir beide mit unsern besten Kräften vieleicht vergehen müssen, weil wir uns fehlen‘ (VI, 370), und bald danach spricht er in einem Brief an Ebel seine Furcht aus, Susette sein in Gefahr, ‚endlich zu vertrauern‘ (VI, 377). Als täglichen Kampf gegen das ‚Vertrauern‘ (er sagt auch: Verkümmern) dürfen wir wohl Hölderlins Leben nach ihrem Tode (1802) ansehen. Daß er immer wieder dem Abgrund nahekam, davon zeugen seine Gedichte:

> Wo bist du? wenig lebt’ ich; doch athmet kalt
> Mein Abend schon. Und stille, den Schatten gleich,
> Bin ich schon hier; und schon gesanglos
> Schlummert das schaudernde Herz im Busen.
>
> (II, 59)

5. Hyperion

Die Geschichte spielt sich um 1770 in Griechenland ab. In der Vorrede gesteht Hölderlin, daß er erwogen habe, ob er, da „der Schauplaz ... nicht neu" sei, einen anderen hätte wählen sollen, sich aber bald überzeugte, „daß er der einzig Angemessene für Hyperions elegischen Karakter wäre" (III, 5). In der Tat, einen Schauplatz, der passender und wirkungsvoller wäre, gibt es wohl nicht. Griechenland - durch die Sprache, die Landschaft, das Volk - hatte eine lange Kontinuität; befand sich aber, sehr heruntergekommen, unter türkischer Herrschaft und wurde so beispielhaft zum Ort eines ungeheuren Verlusts. Beides - Fortdauer und Bruch – wirken elementar auf den elegischen Charakter. Sei es in Smyrna an der Geburtsstätte Homers, in Kalauria (Poros), wo Demosthenes sich durch Selbstmord aus der Schmach rettete, oder in Athen fördert die bessere Vergangenheit den Wunsch nach Restitution. Angesichts solcher Denkmäler, in einem Land, wo Inseln, Flüsse, Berge, das Meer und der Äther unverändert geblieben sind, ist es dem elegischen Charakter unmöglich, je zur Ruhe zu kommen. Und klug, fast grausam, verwickelte Hölderlin seinen Helden in die historischen Ereignisse des Frühjahrs 1770. Er ersann eine Fabel, die, eindringlich mit dem Schauplatz zusammenwirkend, Hyperion in der seinem Wesen angemessensten Weise martern mußte. Hölderlin arbeitete sieben Jahre am *Hyperion* – kurz vor der Schlacht von Valmy (1792) fing er an, kurz vor Napoleons Staatsstreich erschien der zweite Band. Für die bittere Enttäuschung seines Helden bezog er, in einer Zeit, wo Enttäuschung sich um ihn her verbreitete, aus dem Jahr, ja sogar aus dem Monat seiner eigenen Geburt ein sehr passendes Korrelat: den gescheiterten Aufstand der Griechen im März 1770. Im Turm lag der *Hyperion* offen auf dem Tisch, er las gerne daraus vor, schrieb immer noch etwas dazu, auch lange nach dem Tode Susettes, in den Zeiten der Restauration. Den Befreiungskrieg in Griechenland soll er mit großem Interesse verfolgt haben.

Was Hyperion unternimmt, ist, im eigenen Leben wie auch im Leben seines Volkes, der Versuch einer Neubelebung. Er versucht, mit Schillers Worten, „das Tote bildend zu beseelen". Die Vergangenheit soll wiederbelebt werden; oder genauer (denn es soll kein bloßes Nachahmen sein), sie treibt zum Kampf um eine Zukunft – des neuen Geisterbundes, der heiligen Theokratie des Schönen, des Freistaats (III, 96) – die erst durch diese Vergangenheit vorstellbar wurde. Der Held selbst erzählt die Geschichte dieses Kampfes seinem deutschen Freund Bellarmin, und dies in einer Weise, die meisterhaft den Sinn und den Charakter des persönlichen und nationalen Unternehmens nachvollzieht. Hölderlin ist, wie immer, „sehr bedächtig zu Werk" gegangen (VI, 389). Die Erzähltechnik, (die er schon im *Fragment* entwickelt hatte), ist dem elegischen Charakter ebenso angemessen wie der Schauplatz und die Fabel. Bellarmin, der Gleichgesinnte, die Ausnahme unter den Deutschen, fordert den Freund auf, ihm sein Leben zu erzählen; und gerade durch den Akt des Erzählens ändert sich Hyperions Selbstverständnis. Das Erzählen belebt ihn, ruft die alten Leiden wieder wach, und dies so intensiv, daß er sich manchmal schonen und ausruhen muß; er macht aber doch weiter, kommt zum Schluß, und reißt sich dadurch aus der Apathie und dem Eremitenleben heraus. Ab und zu gibt er dem Freund im Laufe des Erzählens einen Einblick in seine gegenwärtige Stimmung; das schafft eine zweite Zeitebene, und damit wird das Wechselspiel von Gegenwart und Vergangenheit (in der Biographie und in der Geschichte der Nation) noch komplexer. Hyperion beschwört seine Vergangenheit, denkt darüber nach, vergleicht sie mit der eigenen Gegenwart, gewinnt mehr Aufschluß über sich selbst und am Ende „gehet gerüsteter" (II, 63). Denn was wünscht er sich am Anfang, als er nach Griechenland heimkehrt? Schlaf, Ruhe der Kindheit, Selbstvergessen in der Natur. Der Freund drängt ihn durch Bitten, aus sich herauszugehen: er soll erzählen und reflektieren.

Philosophisch oder existentiell gesehen, leidet Hyperion an der durch Reflexion bewirkten Trennung des Subjekts von seiner Umgebung. Die Reflexion bewirkt in einem doppelten Sinn, laut Hölderlin, die „Ur-Theilung" (IV, 216). Hyperion stößt überall auf „das eiserne unerbittliche Gesez, geschieden zu seyn" (III, 70). Was er unter den deutschen Denkern erlebt, entfremdet ihn nur noch mehr:

> „Ach! wär' ich nie in eure Schulen gegangen ... Ich bin bei euch so recht vernünftig geworden, habe gründlich mich unterscheiden gelernt von dem, was mich umgiebt, bin nun vereinzelt in der schönen Welt, bin so ausgeworfen aus dem Garten der Natur, wo ich wuchs und blühte, und vertrokne an der Mittagssonne." (III, 9)

Die Erzählform des Romans ahmt diese Trennung, durch die der elegische Charakter überhaupt erst zustandekommt, in der heilsamen Absicht nach, die Trennung als unvermeidliche Dissonanz in einer bejahenden Auffassung des menschlichen Lebens aufzuheben. Hyperion wird, da er lieber in die Unbewußtheit versinken möchte, „ausgetrieben", wird von sich, von seinem bisherigen Leben, getrennt, muß es reflektierend erzählen; und mit seinen Schlußworten – „So dacht' ich. Nächstens mehr" (III, 160) – wagt er sich, mit neu- oder zurückgewonnenem Verständnis, nach draußen. „Zurückgewonnen": denn der Höhepunkt des Romans, jene Erkenntnis, die Hyperion im deutschen Frühling scheinbar durch die verstorbene Diotima zuteil wird und von der er Bellarmin ganz am Schluß berichtet, steht chronologisch *vor* dem Anfang des Erzählens, durch das er doch erst zu einer bewußten Klarheit über sich selbst gelangt. Das ist kein Widerspruch. Was er in Deutschland plötzlich verstanden hatte – daß Trennung und Schmerz als Dissonanzen in einer lebendigen Harmonie auflösbar sind – das war ihm, bevor er in Griechenland ankam, wieder verlorengegangen. Diese Einsicht war nicht gefestigt, noch nicht durch Reflexion in ihm gesichert. Ja, man fragt sich, ob sie als Erkenntnis überhaupt je gesichert werden kann. Muß sie nicht angesichts neuer Trennungen immer wieder untergehen? Wird sie zurückgewonnen, so ermutigt sie den Nachdenkenden, erneut der Welt der Dissonanzen zu begegnen. Hyperions Bericht schließt sich zum Kreis. Er hat bis in den gegenwärtigen Augenblick hinein erzählt. Und gerade dort eröffnet sich ihm eine neue Perspektive. Das ist kein Schluß im landläufigen Sinn, sondern ein Zurückgewinnen, Entwickeln und Fortschreiten. In dieser Hinsicht ähnelt der Roman (der tatsächlich einer ist, ein Meisterwerk der Epik) den lyrischen Gedichten Hölderlins, die ihrerseits da, wo sie formal enden, weiterfließen.

Hyperion gewinnt, durch Reflexion, Einsicht in die Gestalt seines Lebens, und das heißt vor allem in die Wiederholungen, die er, in wechselnder Form, durchmachen muß; und auch in die eigentümlichen Wechselwirkungen, die zwischen ihm - seinem Charakter – und der äußeren Wirklichkeit bestehen. Mit Adamas, Alabanda und Diotima durchlebt er eine (jedesmal intensivere) Abfolge von Besitz und Verlust; und durch jeden Verlust wird, nach tiefer Depression, ein neuer Trieb zum Besitz oder zur Verwirklichung (die in gewisser Hinsicht immer als ein Zurückgewinnen zu verstehen ist) wachgerufen. Einen „Wechsel des Entfaltens und Verschließens" nennt er das, „Ausflug und Rükkehr zu sich selbst" (III, 38). Aus einem solchen Verschließen, einer solchen Rückkehr zu sich selbst wird er durch das Erzählen seines Lebens wieder hervorgelockt. Und was das Ineinandergreifen von Innen- und Außenwelt betrifft: Schauplatz, Fabel und Charakter sind so gut aufeinander abgestimmt, daß es manchmal schwerfällt, sie zu unterscheiden. Hyperion sucht, wie Goethe es so anschaulich von Winckelmann gesagt hat, „antwortende Gegenbilder" für die Hoffnungen und Forderungen, die aus seiner idealistischen Veanlagung erwachsen. Er findet sie in Adamas, Alabanda und Diotima und in den ersten kleinen Siegen während seines Feldzuges auf dem Peloponnes; wird dadurch in seinen Ansprüchen auf das wirkliche Leben ermutigt und gestärkt, und verlangt mehr und mehr. Dies führt zu einer furchterregenden Radikalität:

„Es muß sich alles verjüngen, es muß von Grund aus anders seyn; voll Ernsts die Lust und heiter alle Arbeit! nichts, auch das kleinste, das alltäglichste nicht ohne den Geist und die Götter! Lieb' und Haß und jeder Laut von uns muß die gemeinere Welt befremden und auch kein Augenblik darf Einmal noch uns mahnen an die platte Vergangenheit!" (III, 111)

Für solche Forderungen sind jedoch keine „antwortenden Gegenbilder" vorhanden, und sie lassen sich auch nicht heraufbeschwören oder erzwingen. Statt dessen provoziert Hyperion, geradezu zwanghaft, Enttäuschungen und Katastrophen, die genau seinem Wesen entsprechen. „Dir ist wohl schwer zu helfen", sagt Diotima. Aber geht er am eigenen Charakter („im Grunde trostlos" III, 129) oder an der „Unheilbarkeit des Jahrhunderts" (III, 23) zugrunde? Oder an einem grausamen Zusammenwirken von beiden?

Als Romantiker – und das ist er auch – sieht Hyperion seine Aufgabe darin, durch die Macht des Willens eine schöne Welt, an der er sich erfreuen kann, aufrechtzuerhalten oder gar zu erschaffen. Letzteres gelingt ihm etwa in dem Augenblick, wo er, nach einem beglückenden Spaziergang, in die Stadt Smyrna zurückkehrt:

> „Mein Herz war des Wohlgefälligen zu voll, um nicht von seinem Überflusse der Sterblichkeit zu leihen. Ich hatte zu glüklich in mich die Schönheit der Natur erbeutet, um nicht die Lüken des Menschenlebens damit auszufüllen. Mein dürftig Smyrna kleidete sich in die Farben meiner Begeisterung, und stand, wie eine Braut, da." (III, 21)

Diese Kraft kann ihn aber jederzeit verlassen, sie verebbt – „the genial spirits fail" (Coleridge) – er fällt in einen Abgrund der Leere, des Unvermögens, eben in *dejection* (Schwermut), vermag nicht mehr „die Lüken ... auszufüllen", und die Welt zieht „wie ein Strom an dürren Ufern, wo kein Weidenblatt im Wasser sich spiegelt ... unverschönert" an ihm vorüber (III, 42). Hyperion muß sich gleichsam immer wieder selbst beleben, muß sich die Fähigkeit zurückerobern, mit der Imagination produktiv auf die äußere Welt einzuwirken. Er ist am Ende, wenn er die Welt nicht „verschönern" kann. Durch den Erzählprozeß wird er wieder wach, es gelingt ihm zugleich, sich selbst und seinen Fluch oder seine Gabe – „want or power", wie Shelley es nennt – besser zu verstehen.

Hyperion, Diotima und die Freunde besuchen Athen. Diese Szene, sehr wirkungsvoll ans Ende des ersten Bandes plaziert, wiederholt und übertrifft mehrere kleinere Szenen dieser Art – etwa das Beisammensein mit Adamas in Olympia oder auf Delos, und mit Alabanda an den Gräbern zu Troja – wo Freundschaft (mehr oder weniger erotisch gefärbt) und Schauplatz eine Stimmung hervorbringen, aus der Taten hervorgehen sollen. Die Ruinen unter der Akropolis, „ein unermeßlicher Schiffbruch" (III, 85), fordern zur Neuerrichtung auf, und den Mut dazu vermittelt die Gegenwart der geliebten Diotima. Ja, als Hyperion, niedergeschlagen vom Anblick der vernichteten Stadt, sich mit ihrer Liebe begnügen, sich ins Refugium ihrer Liebe flüchten will, treibt sie ihn fort: er soll wirken in seiner Zeit; und sie setzt damit den Prozeß in Gang, durch den sie selber aus ihrer eigenen Welt herausgerissen und schließlich in den Tod getrieben wird.

Eine Art Wiederaufbau bietet die damals beginnende Archäologie. Aber für die Fremden, die „die Säulen und Statuen weggeschleift und an einander verkauft" haben, und für die „zwei brittischen Gelehrten, die unter den Altertümern in Athen ihre Erndte" halten (III, 85, 86) empfindet Hyperion nichts als Verachtung. Ihre Beschäftigung ist, wie Hölderlin es an anderer Stelle ausdrückt, ein „positives Beleben des Todten" (IV, 222). Hyperion und Diotima entfernen sich. Sie zeigt ihm den Weg: „Du wirst Erzieher unsers Volks" (III, 89). Das heißt, sie zeigt ihm *ihren* Weg. Er kehrt mit neuer Zuversicht zur Agora zurück, wo ihm die Ruinen nicht mehr wie ein Stoppelfeld vorkommen, sondern wie Brachland, das nur auf Regen wartet, um aufzublühen. Die Wiederbelebung steht bevor, sie soll friedlich, durch Erziehung, vorbereitet werden. Menschen, wahre Menschen, werden heranwachsen. Doch nur allzubald brechen über Hyperion und Diotima der Aufstand auf dem Peloponnes und Alabandas Brief herein, der Hyperion in den bewaffneten Kampf ruft. Diotima sieht, wie es enden wird: „O ihr Gewaltsamen! ... die ihr so schnell zum Äußersten seyd, denkt an die Nemesis!" (III, 96). Auch wenn der Krieg gerecht sein mag, so ist Hyperion, laut Diotima, „dazu nicht geboren", er wird dadurch, sie prophezeit es richtig, verzehrt, verbraucht, zerrissen. Der Freistaat, davon ist sie überzeugt, läßt sich nicht erzwingen. Wenn sie dann schließlich doch in diesen Kurs einwilligt, so tut sie sich damit Gewalt an, und sie wird sich nie wieder davon erholen.

Auffallend zahlreich sind im *Hyperion* die Bilder der Unterwelt, der Schattenwelt, und ihrer Bewohner und Besucher. „Wie Manen aus vergangner Zeit" ziehen Hyperion und sein Mentor

Adamas durch das düstere, einsame, leere Land (III, 14); „wie ein Geist, der keine Ruhe am Acheron findet", kehrt der erzählende Hyperion in die verlassenen Gegenden seines Lebens zurück (III, 17); ihn ergreift „das schöne Phantom des alten Athens, wie einer Mutter Gestalt, die aus dem Todtenreiche zurükkehrt" (III, 84); und ähnliche Empfindungen hat, „im Schutt des heiteren Athens", auch Diotima. Es leuchtet ihr ein, „daß jezt die Todten oben über der Erde gehn und die Lebendigen, die Göttermenschen drunten sind" (III, 130). Hyperion schreibt:„Ich liebe diß Griechenland überall. Es trägt die Farbe meines Herzens. Wohin man siehet, liegt eine Freude begraben" (III, 47). Eigene Freuden und Freuden der Nation. Er reist, Alabandas Ruf folgend, den Peloponnes hinunter, um mit dem Freund, durch Krieg, das alte Griechenland auferstehen zu lassen; und gräbt dabei auch die eigene glückliche Vergangenheit, die Zeit seiner Wanderungen mit Adamas, wieder aus. Und was will er eigentlich erreichen, gemeinsam mit dem jungen Freund? Daß ein Staat entstehe, in dem sein Adamas zufrieden wäre, der Diotima würdig wäre (III, 114), für wahre Menschen soll nun endlich ein angemessener Platz auf Erden sein. In dem Debakel bei Mistra und Tripolis klaffen Anspruch und Wirklichkeit, Projekt und antwortendes Gegenbild wieder auseinander, und dies schauerlicher denn je. Den Platz, die Stadt, den Freistaat, gibt es noch immer nicht, Alabanda geht freiwillig in den Tod, Diotima will in einer Welt, die nach wie vor von Toten beherrscht ist, keine Kinder gebären. Der Belebungs- und Auferstehungsversuch ist gescheitert, und eine Versuchung, die nur vorübergehend und nie sehr weit in den Hintergrund gerückt ist, tritt wieder in den Vordergrund: „O Seele Griechenlands! ich muß hinab, ich muß im Todtenreiche dich suchen" (III, 121).

Auf jede Enttäuschung reagiert Hyperion mit einer grausamen Radikalität. Er ist noch derselbe, der, im *Fragment,* von sich sagte: „Was mir nicht Alles, und ewig Alles ist, ist mir Nichts" (III, 164). Er rächt sich an der Wirklichkeit. Als er sich in Smyrna plötzlich – auf ein Wort hin! – mit Alabanda überwirft, zerstören sie beide, einer extremer als der andere, mit Gewalt den „Garten ihrer Liebe". In ähnlicher Weise, aber noch

unmenschlicher, verwüstet er, was ihm von Leben noch übrigbleibt – und das ist gar nicht wenig – nach Tripolis und Mistra.
Er schreibt an Diotima, sie solle ihn aufgeben, er will in der See-
schlacht bei Tschesmé den sicheren Tod suchen. Ihr wird dadurch die Existenzgrundlage entzogen, sie läßt ihr Leben los und
kann aus dem Sterben, als Hyperion die Schlacht übersteht und
sich eines Besseren besinnt, nicht mehr zurückgeholt werden.
Furchtbar leidend (auch an Schuldgefühlen), zieht sich Hyperion aus der Welt, in die er handelnd eingegriffen hat, zurück,
bis Bellarmin ihn dazu anregt, seine Leidensgeschichte zu erzählen und darüber nachzudenken.

Durch dieses Erzählen gelangt er – auch zurück – zu Einsich-
ten, dies sich zu einer Art Philosophie zusammenfügen und die
ihm den nötigen Mut vermitteln, sich wieder in die Welt hinaus
zu wagen. Er kommt dahin, den Schmerz zu akzeptieren, ja
sogar zu preisen: „Werth ist der Schmerz, am Herzen der Menschen zu liegen ... Denn er nur führt von einer Wonne zur andern, und es ist kein andrer Gefährte, denn er" (III, 150). Ähnliches schrieb er – als Trost? – kurz nach der Katastrophe an
Diotima: „Der ächte Schmerz begeistert. Wer auf sein Elend
tritt, steht höher" (III, 119), und gleichsam um die Wahrheit dieses Satzes zu überprüfen, nimmt er von ihr Abschied und ruft:
„Weh über mich! ich richte meine lezte Freude zu Grunde. Aber
es muß seyn ..." (III, 120). Schon in der ersten Phase des Erzähl-
prozesses leitet er aus den eigenen leidvollen Erfahrungen ein
Prinzip ab, das er als positiv zu betrachten vermag: „Des Herzens Wooge schäumte nicht so schön empor, und würde Geist,
wenn nicht der alte stumme Fels, das Schiksaal, ihr entgegen-
stände" (III, 41). Was Hyperion treibt, ist in der Tat ein vielleicht pervers zu nennender *Wille zur Enttäuschung.* Denn
durch die Enttäuschung, durch die Schmerzen, die sie verur-
sacht, „tritt man höher", des Lebens Woge wird schöner, wird
Geist; und diesen höheren, schöneren, vergeistigten Zustand
sollen wir wohl als wünschenswert ansehen. Muß der romanti-
sche Idealist, der Typus, den Hyperion vertritt, nicht ständig,
wenn auch vielleicht unbewußt, Enttäuschung und Verlust her-
beisehnen? In gewissem Sinn freut er sich, jedesmal, wenn die

Unzulänglichkeit der Realität aufgedeckt wird. Heimlich buhlt er immer um Enttäuschung.

Diese Verfahrensweise ist uns schon aus den Gedichten bekannt: das Ideal wird durch sein Nichtvorhandensein, durch Verlust, noch schöner, noch bestechender. Nun, *Hyperion* ist ein Roman, und muß als solcher gelesen werden. Die Mechanismen, die ihm zugrundeliegen, und die ‚Philosophie‘, zu der der Held durch diese Mechanismen gelangt, sind in den Gedichten Hölderlins völlig angemessen, ja sehr wirkungsvoll, können beim Leser des Romans jedoch leicht eine gewisse Ablehnung hervorrufen. Denn die Gestalten des Romans führen, obwohl sie keineswegs, weder äußerlich noch innerlich, realistisch vor uns hintreten – oft geradezu als idealisierte Gestalten erscheinen – nichtsdestoweniger ein Leben, das unser menschliches Interesse fordert. Sie werden aber einem Schema angepaßt, das dieses Interesse auf befremdende Weise herabmindern muß. Hyperion spricht zwar von Schuld – „mir ist recht geschehn“, „ich hab’ es verdient“, „ich habe sehr undankbar . . . gehandelt“ (III, 117, 118, 132) – gelangt jedoch zu einer Auffassung, wonach der Verlust, auch der selbstverschuldete, auch der mit heimlicher Absicht erzielte Verlust, für etwas Positives, weil Vergeistigendes, gehalten wird. Daran nimmt Lawrence Ryan, der *Hyperion* als erster wirklich als einen Roman gelesen hat, keinen Anstoß. Er schreibt: „Eine weitere bedeutsame Ausprägung dieser Entwicklung ist die Loslösung Hyperions von dem Angewiesensein auf das leibhaftige Vorhandensein der Schönheit (in der Person Diotimas); so gesehen, stellt Hyperions Trennung von Diotima eine durch seine ganze Entwicklung begründete Notwendigkeit dar.“

Mir scheint diese Entwicklung eher abwegig; und man wird, meines Erachtens, bei der Lektüre eines Romans (auch eines lyrischen und so eigenartigen Romans wie *Hyperion*) nicht umhin können, diese Abwegigkeit zu spüren. Es liegt an der unterschiedlichen Natur der Genres, daß der gleiche Prozeß – der Wechsel von Verlust und einer dadurch potenzierten Begeisterung - in Hölderlins Gedichten, die alle mehr oder weniger elegisch wirken, keinen Widerspruch oder Widerwillen auslöst.

Ein Roman, auch *Hyperion,* erregt unser Interesse, indem er eine Realität, in diesem Fall die Liebe und die Welt des politischen Handelns vergegenwärtigt, indem er das wirkliche Leben nachahmt, wo ethische Entscheidungen gefällt werden müssen. Es wird uns vielleicht schockieren, wenn dann diese vorgetäuschte wirkliche Welt – Gestalten, Gefühle, Taten – zugunsten eines Abstraktums oder eines ästhetisch befriedigenden Schemas aufgehoben wird.

Am Schluß jedoch öffnet sich der Roman, und zwar genau da, wo sich der Kreis des Erzählens schließt: beim Erzähler ist der Trieb zur Verwirklichung (diesmal über den langen Weg, als Erzieher des Volkes) wieder wachgeworden. Er wird wohl – die Wiederholungen in seinem Leben deuten darauf hin – immer wieder enttäuscht werden, er wird diese Enttäuschungen geradezu provozieren, mit einer selbstzerstörerischen Schadenfreude darauf reagieren und sich mit der Idee zu trösten oder zu ermutigen versuchen, daß er gerade durch sein Scheitern sein Ideal rettet, in reinere Zonen hebt. So hat er sich selbst, seinen elegischen Charakter, erzählend dargestellt. Aber der Roman endet mit einer hoffnungsvollen Energie, die dieser Aussicht auf Wiederholungen widerspricht, und die, meiner Meinung nach, nicht auf die am Schluß erlangte ‚Philosophie' zurückzuführen ist. Man darf wohl annehmen, daß Hölderlin, der zu seinem eigenen idealistischen Hang eine oft sehr kritische Einstellung hatte, seinen Helden, ähnlich wie Schiller den Marquis Posa, einer deutlichen Kritik unterzieht. Diotima bittet ihn, „etwas stiller" zu werden (III, 73), und wenn er tatsächlich *ihren* Weg einschlägt, kann man dies als ein Zeichen dafür werten, daß ihre Bitte in Erfüllung geht. Außerdem fällt auf, daß er, auch wo er in seiner Enttäuschung und Verbitterung die wirkliche Welt zutiefst verabscheut, sich dennoch nach einer wirklichen, hiesigen, irdischen Erfüllung seiner Ideale sehnt: „Noch besser wär' es freilich, wenn ich leben könnte, leben, in den neuen Tempeln, in der neuversammelten Agora unsers Volks" (III, 151). Der Wille zu Enttäuschung, und der heimliche Wunsch, das Ideal dadurch reinzuhalten, daß man es *nicht* verwirklicht, werden durch jene Worte wettgemacht, welche die enttäuschte und eigentlich geopferte Diotima nicht mehr sagen konnte: „komm, und mache wahr die schönen Tage, die du mir verheißen!" (III, 144). Die Struktur des Romans, eine ästhetisch befriedigende, zeugt, eben weil der Kreis durchbrochen wird, von der ungestillten Sehnsucht nach mehr als Harmonie. Und dieses Mehr ist die veränderte Wirklichkeit.

6. Dichterberuf

In Zeiten, die „dürftig" sind (II, 94), wird der Dichter, so empfand es Hölderlin, zwangläufig der Opposition angehören; und
sein Beruf wird heißen: dagegen sein. „Das Klima" erlaubt ihm
nicht, eine bequemere Haltung einzunehmen. Hölderlin paßte
sich immer weniger an; in einer Sprache, die immer eigenwilliger
wurde, radikalisierte er seine Gegenrede. Er bittet zwar, als er
seine ‚Friedensfeier' vorlegt, höflich um Verständnis: man solle
das Blatt „nur gutmüthig ... [lesen]. So wird es sicher nicht un-
faßlich, noch weniger anstößig seyn." Doch er fügt sofort hinzu:
„Sollten ... dennoch einige eine solche Sprache zu wenig kon-
ventionell finden, so muß ich ihnen gestehen: ich kann nicht anders" (III, 532). Seine ‚Nachtgesänge' bietet er scheinbar in aller
Demut dar: „Es ist eine Freude, sich dem Leser zu opfern, und
sich mit ihm in die engen Schranken unserer noch kinderähnli-
chen Kultur zu begeben" (VI, 436). Aber mit diesen schönen
und schwierigen Gedichten richtete er sich, wie ihm gewiß bewußt war, *gegen* die Kultur seines Landes; er fordert seine Leser
trotzig in die Schranken. ‚Thränen', ‚Ganymed', ‚Hälfte des Lebens' erregten nur Unverständnis und Widerwillen. Schon 1799
heißt es im Gedicht ‚Abendphantasie'; „dunkel wirds und ein-
sam/Unter dem Himmel, wie immer, bin ich"; und durch die
Ausübung des Dichterberufs vereinsamte er nur noch mehr. Er
spricht sich selber Mut zu, bindet sich, indem er ihnen Gedichte
widmet, an seine Freunde und weiß, daß er Gefahr läuft, unterzugehen. Er schreibt von Empedokles' Zeiten, daß sie *Opfer* verlangt hätten; und fürchtet, daß in der eigenen Zeit die Liebenden
und die Dichter geopfert werden müssen. Trotzdem engagiert er
sich.

Am Gegenbeispiel Sinclairs, der politisch aktiv wird, gelangt
Hölderlin zu einer besseren Einsicht in die eigene, ihm bestimmte Verantwortlichkeit. Böhlendorff sagte von Sinclair, er sei

„Republikaner mit Leib und Leben", und von Hölderlin, daß er „es im Geist und in der Wahrheit" sei (VII, ii, 136). Nun, der Unterschied ist keineswegs absolut – betont doch Hölderlin selber (und man glaubt es ihm gern): „wenn das Reich der Finsterniß mit Gewalt einbrechen will, so werfen wir die Feder unter den Tisch und gehen in Gottes Nahmen dahin, wo die Noth am grösten ist, und wir am nöthigsten sind" (VI, 307). Dementsprechend verspricht er Sinclair, in ‚An Eduard', daß auch er dabei sein werde, „wo die Opfer fallen" – aber mit dem Saitenspiel, „mit Gesange", „singend". Er wußte, wozu er *als Dichter* verpflichtet war; er stand vor Aufgaben, die die Freunde, die keine Dichter waren, nicht hatten und nicht hätten erfüllen können. Er nennt den Dichterberuf „diß unschuldigste aller Geschäffte" (VI, 311), was beileibe nicht heißen will, daß er sich, um ihm nachzugehen, aus der reißenden, gärenden Zeit heraushalten möchte. Ganz im Gegenteil, er muß und will dabei sein: „so sind ... wir,/Wir, die Dichter des Volks, gerne, wo Lebendes/Um uns athmet und wallt, freudig, und jedem hold,/Jedem trauend" (II, 62). Hölderlin war, wie es heute von Schriftstellern erwartet und verlangt wird, *engagé*. Er stand mitten im Chaos der Zeit, wußte, daß ihm dies schadete und daß er trotzdem dorthin gehörte.

Hölderlin nahm sich den altgriechischen Dichter Pindar zum Vorbild, und förderte dadurch Diskrepanzen zutage, aus denen seine eigene Dichtung ihr widersprüchliches Leben schöpfte. Denn Pindar übte als Dichter einen Beruf aus, der von seinen Zeitgenossen, so schien es wenigstens Hölderlin, allgemein als sinnvoll und wichtig betrachtet wurde; er sprach seine Mitbürger an, sie hörten ihm zu, er war ihnen, gerade weil er sich als Dichter betätigte, unentbehrlich. Ihn könnte man in der Tat eine „Zunge des Volks" (II, 66) nennen, denn er brachte Mythen zum Audruck, die Gemeingut waren, in seinen Siegeshymnen erzählt er sie ausführlich, deutet sie, und leitet aus ihnen Maximen und Orientierungshilfen ab.

Hölderlins Verhältnis zu Pindar darf wohl als einzigartig in der Literaturgeschichte betrachtet werden. Denn er vollzieht darin, in besonders extremer Weise, die für jeden Dichter notwendige individuelle Auseinandersetzung mit der Tradition. Zum einen kommt er dem Vorbild durch den Akt des Übersetzens so nah wie möglich – so nah, als ob er bereit wäre, die eigene Sprache, sein geliebtes Deutsch, ganz dem Griechischen zu opfern. Und als er dann – paradoxerweise durch genau diese rücksichtslose Unterwerfung – zu einer eigenen Sprache findet, die in der deutschen Dichtung ihresgleichen sucht, und anfängt, seine unverwechselbaren Hymnen zu schreiben, richtet er sich noch immer, nun aber in aller Freiheit in Struktur, Gestus, Ton und Redewendungen nach dem verehrten Vorbild. Dabei aber besteht er, implizit und explizit, unbeirrbar auf der Diskrepanz. Da kann man wirklich von produktiver Nachbildung sprechen, oder, mit Büchner, von einem Nach*schaffen*. Indem er sich in der Form (Strophe, Antistrophe, Epode) und in der Tonart seinem Vorbild nähert, macht er zugleich auf die Kluft aufmerksam, die Vorbild und Nachbildung voneinander trennt. Denn es ist nur zu offensichtlich: die Gemeinschaft, an die Hölderlin sich im Stil Pindars wendet, existiert nicht. Sie muß erst zustandekommen, erst noch geschaffen werden. Das hölderlinsche Gedicht, das diese Gemeinschaft oft vorauszusetzen scheint, ist selber ein Versuch, sie ins Leben zu rufen. Der Dichterberuf hat noch nicht den Sinn, auf dem er zu beruhen vorgibt. An der Verwirklichung dieses Sinnes wird noch gearbeitet, eben durch das Gedicht. In der älteren Sekundärliteratur wird Hölderlin gern als *Vates* und Exeget dargestellt, als einer, der, wie es in der unvollendeten Hymne ‚Wie wenn am Feiertage ...‘ heißt, „unter Gottes Gewittern ... mit entblößtem Haupte" stand und „des Vaters Stral ... ins Lied gehüllt" dem Volk reichte. Die Hymne, Hölderlins getreueste Nachbildung pindarischer Form, blieb unvollendet, denke ich, gerade weil dieses grandiose Bild nicht zu verantworten war. Es stimmte nicht. Ich weiß: Hölderlin wollte gerne „die Sprachen des Himmels" deuten und singen (II, 45); dies reizt ihn, fast wie eine Versuchung, immer wieder. Gleichzeitig wehrt er sich dagegen, denn er sieht ein: „Es fehlt ... oft am Mittel, wodurch ein Glied dem andern sich mittheilt, es fehlt sehr oft noch unter uns Menschen an Zeichen und Worten„ (VI, 420). Mittel, Zeichen und Worte muß er allzuoft selber erfinden. Er tut dann, gezwungenermaßen, was Schlegel den Dichtern der Neuzeit empfahl: er schafft eine Mythologie. Hölderlin ist nicht der Priester und Deuter einer schon existierenden sinnvollen Ordnung, sondern er bringt diese Ordnung erst hervor, er stiftet sie. Genauer gesagt: er entwirft, er projiziert sie. Eben darin besteht seine Modernität. Er nimmt die Situation Rilkes vorweg.

Ab 1800, bald nach der bis zum Äußersten getriebenen Beschäftigung mit Pindar, tragen fast alle Gedichte Hölderlins, zumal die großen Hymnen, zur Bildung einer mythischen Welt bei, deren zwei Pole Griechenland und Hesperien sind; und eine Mythologie wird entwickelt, die dem Leben in der Moderne einen Sinn verleihen soll. Auf die Bestandteile dieser poetischen Welt, die eine große Vielfalt an landschaftlichen Reizen und an bedeutenden *dramatis personae* (Christus, Dionysus, Herakles) aufweist, brauchen wir nicht genauer einzugehen. Es ist vielleicht am besten, wenn die Mythologie im Bewußtsein des Lesers im Akt des Lesens selbst allmählich Gestalt annimmt. Sie ist ja kein System, keine religiöse Lehre; die Gedichte sind ihr notwendiges Lebenselement. Nur auf eines möchte ich hier hinweisen: die Mythen, die Hölderlin erfunden hat, werden in pindarischer Weise so präsentiert, als ob sie schon lange Gemeingut wären. Er sagt zum Beispiel von den Alpen, sie seien „die Burg der Himmlischen ... nach alter Meinung" (II, 142) – ist aber selber der Autor dieser „Meinung". Auch wo er, etwa in ‚Patmos‘, die Mythen seiner Zeit erzählt und deutet (die Leidensgeschichte Christi nach dem Evangelium Johannis), schafft er selber den Kontext, worin sie erst (in seiner Interpretation) verständlich wären. Er mutet seinen Zuhörern etwas zu, was sie gar nicht, noch nicht, besitzen – Verständnis, Gemeinschaftsgefühl –, läßt sich aber nicht von der Pose und von den eigenen Bildern einer schon erreichten Gemeinschaft verführen. Er widersetzt sich der Versuchung, die er selber im Prozeß des Gedichts erweckt hat. Daraus entspringt der eigentümliche Rhythmus seiner Gedichte: Anschwellen und Abfallen, Elan und Einhalt, und am Ende die oft kommentierte Rückkehr zu einem Zustand, der, im Vergleich mit den im Laufe des Gedichts durchlebten Ekstasen und

Intensitätsmomenten, sehr bescheiden, geduldig und demütig wirkt. Hölderlin wurde schon von jenen Zweifeln angerührt, die später Rimbaud zu der furchtbaren Überzeugung brachten: „Je me suis nourri de mensonges." Denn welche Gültigkeit hat eine selbsterfundene Mythologie? Kaum die breite, allgemein verbindliche, ja im tiefsten Sinne des Wortes religiöse Gültigkeit, die Hölderlin für sie und durch sie ersehnte. Seine Dichtung ist von dem ständigen Wechsel von Zuversicht und Zweifel durchatmet und inspiriert.

Gleichwohl haben die Bilder in dem Sinne Gültigkeit, daß sie eine provozierende Antithese gegen die barbarische Wirklichkeit darstellen. Sie entstehen aus Leiden an dieser Wirklichkeit, aus der Sehnsucht nach Besserem, und richten dann ihrerseits revolutionäre Forderungen an die Wirklichkeit. Einer Gesellschaft, der jeglicher Gemeinschaftssinn fehlt und in der die Dichtung verneint oder an den Rand geschoben wird, werden ein konsequent durchgehaltener poetischer Stil – der Stil Pindars – und Bilder entgegengesetzt, die eine radikale Alternative verkörpern. Und die Diskrepanz wird nicht verschleiert oder verharmlost, sondern geht vielmehr selbst ins Gedicht ein und bildet seinen pathetischen Charakter. Überhaupt scheinen manche Gedichte Hölderlins ihre Kraft und Dynamik aus Enttäuschung zu gewinnen.

Daß die Bilder als schöner Schein, als noch nicht erfüllt, erkannt werden müssen, mindert nicht ihren Wert und ihre Eindruckskraft. Durch utopische Bilder, durch den Gestus der Gemeinschaft, den die Hymnen schon durch ihre Form ausführen, soll die Einbildungskraft der Menschen wachgehalten und gestärkt werden. Wir leben, nach Hölderlins Kosmologie, in der Nacht, und laufen Gefahr, alles zu vergessen, was uns einmal Hoffnung auf Besseres, auf einen Tagesanbruch vermitteln könnte. Der Beruf des Dichters besteht hauptsächlich darin, daß er selber wachbleibt und seine Mitmenschen vor dem Verlust der Vorstellungsfähigkeit (die als moralische Instanz zu verstehen ist) zu bewahren sucht. Der Dichter singt „jedem den eignen Gott" (II, 62), und das heißt, er soll jedem ins Herz reden, bei jedem die Grenzen des Vorstellbaren ausdehnen. Denn die herrschenden Verhältnisse haben eine bedrückende Überzeugungs-kraft, eine immense Schwere, so daß sie leicht als das einzig Mögliche, uns Angemessene und Bestimmte erscheinen, das in keiner Weise zu verändern ist. Dies bekämpft Hölderlin mit Mitteln der Kunst, die unsere Verhältnisse verfremden, sie als *ent*fremdet und veränderbar darstellen.

Der Dichter mahnt, er greift die Mißstände mit treffenden Worten offen an; aber als utopischer Entwurf soll das Gedicht mehr und anderes leisten, als Ideen, Programme, ausformulierte Alternativen darzubieten; es soll das bessere Zukünftige schon anschaulich vergegenwärtigen, dem Leser soll, während er liest, der Zustand des erfüllten Daseins schon fühlbar gemacht wer-den. Und das geschieht jedesmal, wenn „der Gesang ... glükt" (II, 119). Durch das Gedicht, durch ästhetische Mittel, wird im Leser ein Zustand erzeugt, der insofern als ethisch zu bezeichnen wäre, als sich in ihm, lebendig, konkret, die Möglichkeit eines Lebens „voll göttlichen Sinns" (II, 111) verwirklicht. Es entsteht ein Gefühl der gesteigerten Fähigkeit, und obwohl dieses Ge-fühl, da es nur Teil eines fortlaufenden Gedichtes ist, nicht von Dauer sein kann, klingt es im Leser eine Zeitlang nach, als eine durch das Gedicht realisierte Möglichkeit, und diese Momente der erhöhten Zuversicht, der erhöhten Fähigkeit, machen die ureigene Wirkung des Gedichts aus, sie sind das, wonach alle Gedichte Hölderlins streben und was sie erreichen, wenn sie „glücken".

Hölderlin bewunderte die „μηχανη der Alten" (V, 195), und liebte in ihren Werken „den sichern, durch und durch bestimm-ten und überdachten Gang" (VI, 380). „Der modernen Poesie" – so schrieb er nach jahrelanger und intensiver Beschäftigung mit den Griechen – „fehlt es besonders an der Schule und am Handwerksmäßigen". Er wünschte eine Dichtung, deren „Ver-fahrungsart berechnet und gelehrt, und wenn sie gelernt ist, in der Ausübung immer zuverlässig wiederhohlt werden kann". Ihn faszinierte „das kalkulable Gesez" (V, 195), der Gedanke, daß wichtige poetische Effekte *mechanisch* durch *techné*, wie es die Griechen nannten, hervorgebracht werden könnten. Und so verfährt er bei seinen Pindarübersetzungen: er hält sich mit geradezu sklavischer Genauigkeit an den griechischen Text, um zu sehen, was dabei zum Vorteil der eigenen (durch diese Methode wirklich aufs Spiel gesetzten) Sprache herauszuholen ist. Zur gleichen Zeit führt er seitenlange Experimente mit einem Schema von regelmäßig wechselnden und wiederkehrenden Tönen aus. Ein Blick auf jene schwindelerregenden Tabellen dürfte jeden überzeugen, daß dieser Dichter – der leidenschaftlichste und pathetischste, der Dichter „des strömenden Worts" (II, 91) – wirklich „sehr bedächtig zu Werk gieng" (VI, 389), seltsam besonnen, kühl, berechnend. Er glaubte eben, wie Novalis' Klingsohr, daß „die Poesie … vorzüglich … als strenge Kunst getrieben werden will."

Vor allem in Homburg, in einer Phase, wo er sowohl in seinem Privatleben (in seiner Liebe zu Susette) als auch in seinem beruflichen Leben (bei dem Versuch, durch die Herausgabe einer literarischen Zeitschrift – *Iduna* – selbständig zu werden) allmählich scheiterte, hat Hölderlin, im Gedankenaustausch mit seinen wenigen Freunden, in Briefen und im schreibenden Selbstgespräch, viel über den Beruf und über die Praxis der Dichtung nachgedacht. Es gibt schöne und wichtige Briefe aus dieser Zeit, an Sinclair, Ebel, Schütz, Neuffer, den Stiefbruder Karl; sogar an seine Mutter schreibt er mit größerer Offenheit und Zuversicht, auch ihr gegenüber verschafft er sich Klarheit über seine „Bestimmung", er bemüht sich ehrlich, mit ihr *ins Gespräch* zu kommen. Ganz anders sind die berühmten und so schwierigen poetologischen Aufsätze. Sie sind von einer Radikalität, wie man sie sich extremer kaum vorstellen kann. Sie sind wirklich „an der Grenze". Zur Veröffentlichung waren sie, in der vorliegenden Form wenigstens, sicher nicht bestimmt, sie stellen eher „eine allmähliche Verfertigung der Gedanken beim *Schreiben*" [Kleist] dar und waren vielleicht gleichzeitig ein Versuch, in der Sprache das nachzuahmen oder zu gestalten, was im reflektierenden Geist selber vorgeht, als ob Sätze eine exakte Übersetzung von Denkprozessen sein könnten. Und es gibt Momente, wo die poetologische Untersuchung, indem sie die Aufklärung poetischer Verfahrensweisen anstrebt, selber fast poetisch wirkt; der Prozeß des Dichtens selbst, der das Thema des

Aufsatzes ist, wird weniger beschrieben und ausgelegt als konkret – im Rhythmus des Satzes – verkörpert:

> „In eben diesem Augenblicke, wo sich die ursprüngliche lebendige, nun
> zur reinen eines Unendlichen empfänglichen Stimmung geläuterte Empfin-
> dung, als Unendliches im Unendlichen, als geistiges Ganze im lebendigen
> Ganzen befindet, in diesem Augenblicke ist es, wo man sagen kann, daß die
> Sprache geahndet wird, und wenn nun wie in der ursprünglichen Empfin-
> dung eine Reflexion erfolgt, so ist sie nicht mehr auflösend und verallgemei-
> nernd, vertheilend, und ausbildend, bis zur blosen Stimmung, sie giebt dem
> Herzen alles wieder, was sie ihm nahm, sie ist belebende Kunst, wie sie zuvor
> vergeistigende Kunst war, und mit einem Zauberschlage um den andern ruft
> sie das verlorene Leben schöner hervor, bis es wieder so ganz sich fühlt, wie
> es sich ursprünglich fühlte." (IV, 261)

Was „besprochen" wird – der Augenblick des dichterischen Erfolgs – wird fühlbar; der Satz selbst verlebendigt den Begriff.

Hölderlin liebte „das kalkulable Gesez", aber es wurde für ihn
keineswegs zum Selbstzweck, sondern war lediglich ein Mittel,
die spezifische Wirkung eines Gedichts zu erzielen. Die μηχανή,
die technischen, vielleicht sogar erlernbaren Mittel sollten im Gedicht das eigentlich Poetische ermöglichen. Sie entwerfen den
Raum, sind das Gefüge, worin sich eine Art Wunder vollziehen
soll. Man benutzt, wenn man Hölderlins poetische Verfahrensweise zu beschreiben versucht, fast zwangsläufig die Sprache der
Religion. Er war der Ansicht, daß alle Religion „ihrem Wesen
nach poëtisch" sei (IV, 281), und die Theorie und Praxis seines
dichterischen Schaffens lassen erkennen, daß er die Poesie für
einen religiösen Akt hielt. Nun, die Gesetze, die kühl durchge-
führte Technik, bringen den Dichter und sein Gedicht nur bis zu
einem gewissen Punkt, sie schaffen eine Möglichkeit, erwecken
eine Fähigkeit. Aber „der lebendige Sinn", auf den es letztlich vor
allem ankommt, kann, laut Hölderlin, „nicht berechnet werden"
(V, 195). „Die Furcht, positiv zu werden" (IV, 161), der innige
Glaube, „daß mehr als Maschinengang, daß ein Geist, ein Gott,
ist in der Welt" (IV, 278), bestimmen in kaum zu überschätzender
Weise das Leben und das Dichten Hölderlins; gleichzeitig aber
trieb er „den gesezlichen Kalkul" (V, 195) bis zum äußersten.
T. S. Eliot spricht vom Verfassen eines Gedichts (oder genauer
von der Haltung, der Gestimmtheit des Dichters im Augenblick

vor dem Schreiben) als von einem „passive attending upon the event"; und so ließe sich auch die Disposition Hölderlins kennzeichnen, jenseits aller nötigen Berechnung und Bedachtsamkeit. Bilder des Wartens, der Erwartung, der offenen, hoffnungsvollen Bereitschaft tauchen in seinen Gedichten immer wieder auf; er läßt den Tempel, den Saal, den Raum entstehen, in den „das Ereignis" gleichsam hineingelockt werden soll:

> Der himmlischen, still wiederklingenden,
> Der ruhigwandelnden Töne voll,
> Und gelüftet ist der altgebaute,
> Seeliggewohnte Saal; um grüne Teppiche duftet
> Die Freudenwolk' und weithinglänzend stehn,
> Gereiftester Früchte voll und goldbekränzter Kelche,
> Wohlangeordnet, eine prächtige Reihe,
> Zur Seite da und dort aufsteigend über dem
> Geebneten Boden die Tische.

(III, 533)

Gabe und Gnade:

> Zum Traume wirds ihm, will es Einer
> Beschleichen und straft den, der
> Ihm gleichen will mit Gewalt;
> Oft überraschet es einen,
> Der eben kaum es gedacht hat.

(II, 141)

Wunderschön geschieht es, dieses Geben und Empfangen, im Rhein-Gedicht:

> Und herrlich ists, aus heiligem Schlafe dann
> Erstehen und aus Waldes Kühle
> Erwachend Abends nun
> Dem milderen Licht entgegenzugehn,
> Wenn, der die Berge gebaut
> Und den Pfad der Ströme gezeichnet,
> Nachdem er lächelnd auch
> Der Menschen geschäfftiges Leben
> Das othemarme, wie Seegel
> Mit seinen Lüften gelenkt hat,
> Auch ruht und zu der Schülerin jezt,
> Der Bildner, Gutes mehr
> Denn Böses findend,
> Zur heutigen Erde der Tag sich neiget.

Das kalkulable Gesetz und der lebendige Sinn: Das erste soll das letztere ermöglichen. Das erhöht die technische Geschicklichkeit, veredelt sie. Darüber hinaus sind Demut, Geduld, ein Sich-Öffnen notwendig.

Hölderlin schreibt am 12. Nobember 1798 an seinen Freund Neuffer: „Das Lebendige in der Poësie ist jezt dasjenige, was am meisten meine Gedanken und Sinne beschäfftiget" (VI, 289). Von da an hebt er in Briefen, poetologischen Schriften und Anmerkungen immer wieder hervor, daß diese Lebendigkeit, dieses Erlebnis, unerläßlich sei. Er wird seine Antigone-Übersetzung gründlich revidieren, weil ihm „die Sprache ... nicht lebendig genug" schien (VI, 435); seine Empedokles-Texte werden, wie Randnotizen widerspiegeln, ständig mit dem Ziel überarbeitet, den Reden eine noch intensivere Lebendigkeit zu verleihen, so daß das Thema des Selbstverlustes und des ersehnten Wiedergewinnens des „heilgen Lebensgeists" (IV, 79) „sinnig" gemacht werden kann. Nach Hölderlins Auffassung besteht die wesentliche Aufgabe des Dichters also darin, daß er Leben evoziert, daß er belebt.

Im ‚Grund zum Empedokles' heißt es, daß „jedes Gedicht ... aus poëtischem Leben und Wirklichkeit, aus des Dichters eigener Welt und Seele hervorgegangen seyn muß, weil sonst überall die rechte Wahrheit fehlt, und überhaupt nichts verstanden und belebt werden kan" (IV, 150). Erfahrung wird übersetzt – wie und in was, soll später noch genauer untersucht werden. In diesem Zusammenhang ist vor allem die in dem obigen Zitat festgestellte Bindung des Gedichts an das wirkliche, das erlebte Leben von Bedeutung. In dem Essay ‚Über die Verfahrungsweise des poëtischen Geistes' wird für das dichterische Unterfangen ein sehr hohes Ziel formuliert: die Vergegenwärtigung des Göttlichen selbst. Im Gedicht soll sich eine Art Inkarnation vollziehen. Als Stoff, als Mittel, kann alles herangezogen werden, was der Dichter selbst an Gefühlen, Gedanken, Erfahrungen je gehabt hat oder haben könnte oder sich durch Einbildungskraft anzueignen vermag. Dichtung also als Ausdruck „des Dichters eigener Welt und Seele" – oder als Inkarnation des Göttlichen: sind das zwei verschiedene Aufgaben oder Anliegen? Eigentlich nicht. Die erste Auffassung nähert sich der zweiten schon als Analogie, als Metapher. Beim Verfassen eines jeden Gedichts wird versucht, etwas Immaterielles in eine Form zu übertragen, durch die es den Sinnen wahrnehmbar gemacht werden soll. Jeder Dichter zielt auf Ausdruck, Äußerung, Verkörperung. Jedes Gedicht ist *per se* eine Metapher, eine mehr oder weniger gelungene Übertragung. Anknüpfend an dieses Grundprinzip – er sagt zum Beispiel, das lyrische Gedicht sei „eine fortgehende Metapher Eines Gefühls" (IV, 266) – geht Hölderlin weiter, und betrachtet das ganze poetische Unterfangen als Metapher für die Vergegenwärtigung, für die Verkörperung des Göttlichen, und wünscht sich sogar (scheint tatsächlich an die Möglichkeit zu glauben), daß die Metapher buchstäblich wahr werde. Bilder der Inkarnation sind in seinem Werk sehr zahlreich. Zeus drückt sich unter Sterblichen aus („Söhn' in heiliger Art/Und Töchter zeugte/Der Hohe unter den Menschen", II, 153); Christus ist in diesem Sinn die Metapher Gottes. Besonders anrührend ist es, wenn Hölderlin, wie er es mehrmals tut, die Menschen als Vermittler darstellt, auf die die Götter angewiesen sind, um Gefühle empfinden zu können:

> Denn weil
> Die Seeligsten nichts fühlen von selbst,
> Muß wohl, wenn solches zu sagen
> Erlaubt ist, in der Götter Nahmen
> Theilnehmend fühlen ein Andrer,
> Den brauchen sie.
>
> (II, 145)

Das Gedicht vollbringt etwas Ähnliches, und erhebt, indem es Ungreifbares fühlbar macht, immer auf eine Gültigkeit Anspruch, die mehr ist als die einer bloßen Metapher.

Man kann Hölderlins poetische Arbeit vielleicht am besten als eine Art Skala oder Stufenleiter verstehen, die mit dem „üblichen" Äußern eines immateriellen Zustands oder dessen Übertragung in ein passendes Korrelat beginnt, und dann zu der ersehnten Möglichkeit einer religiösen Inkarnation aufsteigt. Und diese Steigerung ist als ein Kontinuum zu betrachten; denn auch das alltäglichste, irdischste, persönlichste Übertragen hat für

Hölderlin, wenn es glückt und das dabei übertragene Leben wirklich fühlbar wird, wenn im Gedicht Lebendiges entsteht, schon einen religiösen Sinn. In Hauptwyl sah er die Alpen „näher und näher niedersteigen", fast bis in den Garten hinein, wo er nachdachte und dichtete (VI, 414), und dieses Bild prägte sich ihm unauslöslich ein. So kommt, im Rhein-Gedicht, „der goldene Mittag ... den Quell besuchend ... von Treppen des Alpengebirgs" herunter; und, in ‚Wenn aber die Himmlischen ...‘, steigen „othembringend .../Die Dioskuren ab und auf,/An unzugänglichen Treppen". Ganz ähnlich fungiert, im Idealfall, auch das Gedicht als Treppe.

Das hölderlinsche Gedicht erzeugt im Leser ein Gefühl der Gegenwärtigkeit, der Immanenz. Schon der Satzbau leistet hierzu einen wichtigen Beitrag. Inversionen, die unsere ganze intellektuelle und emotionelle Empfänglichkeit aufs äußerste anspannen; ein Aufschieben der erlösenden und versöhnenden Momente oft über mehrere Strophen hinweg, so daß die Spannung mitunter fast nicht auszuhalten ist. Man lese ‚Heimkunft‘ (23–36) oder ‚Am Quell der Donau‘ (25–42), einzelne Sätze, deren Struktur selbst begnadetes Geben und Empfangen verlebendigt. Oder diese berühmte Ankunft:

> Doch bald, in frischem Glanze,
> Geheimnißvoll
> Im goldenen Rauche, blühte
> Schnellaufgewachsen,
> Mit Schritten der Sonne,
> Mit tausend Tischen duftend,
>
> Mir Asia auf ...
>
> (II, 165–6)

Oft deckt sich das Gefühl der Erlösung und Erfüllung nicht mit dem semantischen Gehalt des Satzes. Die zwei Ebenen, die lexikalische und die rhythmische, können sogar ziemlich weit auseinandergehen. Aber gerade diese Diskrepanz ist ein entscheidendes Element des hölderlinschen Pathos. Denn was in diesen Gedichten verwirklicht und erschütternd eindringlich verlebendigt wird, ist nicht Gott, sondern Sehnsucht nach Gott. Diese

Sehnsucht wird fühlbar, im Satzbau und im Rhythmus; im Laufe eines einzigen Gedichts kann man sie sogar an mehreren Stellen erleben. Doch die argumentative Struktur des Gedichts, seine wörtliche Bedeutung, geht darüber hinweg, und erreicht oft einen bescheidenen, ‚unerfüllten' Schluß.

Das Gedicht entspringt also, wie Hölderlin im ‚Grund zum Empedokles' sagt, dem Leben des Autors; dieses Leben, „das eigene Gemüth und die eigene Erfahrung", wird „in einen fremden analogischen Stoff" übertragen (IV, 150). Der Stoff muß beides sein, analog und gleichzeitig fremd. Man darf wohl (wenn man das Bild der ununterbrochen ansteigenden Skala oder Kurve der hölderlinschen Dichtung vor Augen behält) an Christus denken, von dem es heißt: er „eussert sich selbs/und nam Knechts gestalt an" (Philip. 2.7). Die Gottheit entfremdet sich und geht in einen anderen Stoff ein, der ihr aber doch, als ihr Ebenbild, analog ist. Ähnlich verfährt das Gedicht; und die Fremdheit (der Widerstand, das Widersprüchliche) des Stoffes ist ebenso unentbehrlich wie das, was er an Analogien birgt. In dem schon zitierten Brief an Neuffer, wo er „das Lebendige in der Poësie" zu seinem dringendsten Anliegen erklärt, blickt Hölderlin sehr selbstkritisch auf seine bis dahin entstandenen Texte zurück und gesteht ein, daß es ihnen gerade an Lebendigkeit und Wahrheit mangele. Er schreibt: „Es fehlt mir weniger an Kraft, als an Leichtigkeit, weniger an Ideen, als an Nüancen, weniger an einem Hauptton, als an mannigfaltig geordneten Tönen, weniger an Licht, wie an Schatten." Und diese „poëtischen Hauptmängel", wie er sie nennt, führt er nachdrücklich auf einen Zug oder Fehler in seinem Charakter zurück: „ich scheue das Gemeine und Gewöhnliche im wirklichen Leben zu sehr." Er hebt, keineswegs entschuldigend, seine Fragilität hervor (er sei „im Verhältniß mit den Erfahrungen, die [er] machen mußte, nicht fest und unzerstörbar genug organisirt") und er legt sich unmittelbar im Anschluß daran den mutigen Imperativ auf: „so muß ich um so mehr den Dingen, die auf mich zerstörend wirken, einen Vortheil abzugewinnen suchen." Und dann geht er auf eine Weise, die zugleich selbstverständlich und erstaunlich ist, zum Poetologischen über: „ich muß sie ... als unentbehrlichen Stoff nehmen, ohne den mein Innigstes sich niemals völlig darstellen wird." Er entwirft eine Strategie, die ihm helfen soll, sich als Mensch in einer feindlichen Umwelt zu behaupten und Gedichte zu schreiben, in denen ‚das Lebendige‘ hervorgebracht wird. Er fährt fort, noch immer von den zerstörerischen Dingen sprechend:

> „Ich muß sie in mich aufnehmen, um sie gelegenheitlich ... als Schatten zu meinem Lichte aufzustellen, um sie als untergeordnete Töne wiederzugeben, unter denen der Ton meiner Seele um so lebendiger hervorspringt. Das Reine kan sich nur darstellen im Unreinen und versuchst Du, das Edle zu geben ohne Gemeines, so wird es als das Allerunnatürlichste, Ungereimteste dastehn ..."

Und zum Schluß? „so will ich mir immer sagen, wenn mir Gemeines in der Welt aufstößt: Du brauchst es ja so nothwendig, wie der Töpfer den Leimen, und darum nehm es immer auf und stoß es nicht von dir und scheue nicht dran" (VI, 289–91).

Hölderlins Engagement beruht auf der Überzeugung, daß ohne das wirkliche Leben – und das wird sehr oft heißen: ohne Gemeines, Unreines, Zerstörerisches – in der Dichtung nichts erzeugt werden kann, was zu leben und zu *be*leben fähig wäre. Der Autor muß sich, wenn das Gedicht gelingen soll, eines Stoffes bemächtigen, der ihm mehr oder weniger zuwider ist; ganz ähnlich wird die Form selbst, das strenge Metrum, die rigorosen Gestaltungsprinzipien, immer mit dem Fließenden, Strömenden, mit dem „Geist" des Gedichts „in liebendem Streit" (I, 210) stehen. Blake hat gesagt: „Without Contraries is no progression", und nach dieser Maxime lebte und dichtete auch Hölderlin.

Manches in Hölderlins Poetik erinnert an die Vorsokratiker, vor allem an Heraklit, an dessen Grundsatz „Alles ist Streit" und, einleuchtender noch, an sein „Alles bewegt sich und fließt". Ein „Wechseln und Werden", ein „Werden und Vergehen", prägt, so Hölderlin, das gesamte menschliche Leben, und er macht es daher zum zentralen Gestaltungsprinzip seiner Dichtung. Der Geist eines Gedichts, sein belebender Impuls, darf nicht stillstehen („positiv" werden), das Gedicht darf Leib, Saal oder Tempel, aber nicht Kerker sein, und der Geist zieht weiter, durch die Form hindurch, wie der Sturm zu Pfingsten.

Das muß, in allgemeinerer Form, auch Pausanias lernen, als Empedokles ihn verläßt: „schläft und hält/Der heilge Lebensgeist denn irgendwo,/Daß du ihn binden möchtest, du den Reinen?" (IV, 79).

Das Fließen wird im Gedicht fühlbar durch strenge Form; am Hindernis der Form, am Einhalt, den sie gebietet, wird es für den Leser sinnlich wahrnehmbar, und ruft in ihm ein Gefühl der Bewegtheit und des Aufbruchs wach. Das Gedicht überzeugt durch das eigene Gelingen, im Akt des Lesens gibt man sich etwas außerordentlich Befreiendem hin. Was in ‚Ganymed' *geschieht,* das darf wohl als das Hölderlin-Erlebnis *par excellence* gelten:

> Schon tönet's aber ihm in der Brust. Tief quillt's,
> Wie damals, als hoch oben im Fels er schlief,
> Ihm auf. Im Zorne reinigt aber
> Sich der Gefesselte nun, nun eilt er
>
> Der Linkische; der spottet der Schlaken nun,
> Und nimmt und bricht und wirft die Zerbrochenen
> Zorntrunken, spielend, dort und da zum
> Schauenden Ufer und bei des Fremdlings
>
> Besondrer Stimme stehen die Heerden auf,
> Es regen sich die Wälder, es hört tief Land
> Den Stromgeist fern, und schaudernd regt im
> Nabel der Erde der Geist sich wieder.
>
> Der Frühling kömmt. Und jedes, in seiner Art,
> Blüht.

Der Buchstabe tötet, die Form kann leicht erstarren. Diese Gefahr der Versteinerung bekämpft der Dichter mit allen Mitteln, die ihm zur Verfügung stehen. Ganz besonders unerfreulich findet Hyperion jene Menschen, die nur der Form nach, nur formell eine bestimmte Position einnehmen, die nur dem Namen nach Priester, Handwerker oder Denker sind. Die äußere Form, die ein Mensch seinem Leben verleiht, muß die ständige Erneuerung erlauben; und wenn das nicht der Fall ist, muß er sie sprengen und eine geeignetere wählen.

Der Beruf des Dichters besteht also im wesentlichen darin, die Mitmenschen zu wecken und zu beleben und in den einzelnen

Gedichten eine eindringliche Vorstellung von dem kontinuierlichen Lebensfluß zu vermitteln. Und wäre das dann alles? In gewissem Sinne ja. Ein Gemütszustand, in dem „alle Kräfte regsam sind" (VI, 305), ist qualitativ besser als einer, in dem sie einseitig oder, weil sie erstarrt sind, überhaupt nicht wirken. Es ist schon viel erreicht, wenn der Dichter beim Leser einen solchen Zustand erzeugt. Und außerdem: Wenn es wahr ist, daß, wie Toller meinte, der Mensch „das Schrecklichste tut aus Mangel an Phantasie, aus Trägheit des Herzens", dann steht der Dichter, indem er das Herz aus der Apathie und die Phantasie aus der Erstarrung herausreißt, Seite an Seite, in seiner Weise, mit allen, die bessere Zustände herbeiwünschen und für sie kämpfen. Hölderlin forderte, für alle, ein Leben „voll göttlichen Sinns", er mutete dem Gedicht – „dem Stab/Des Gesanges, niederwinkend" (II, 170) – eine enorme ethische und religiöse Kraft zu. Ja, das Göttliche selbst sollte in das Gefüge, in den Tempel des Gedichts hereingelockt werden. Doch auch, wenn dies nicht geschieht – Gott bleibt hartnäckig fern und dem Tempel fehlt sogar die Gemeinde – ist das dichterische Unterfangen keineswegs als gescheitert anzusehen. Denn gerade aus der Abwesenheit, aus der Unzulänglichkeit, erwächst ein unermeßlicher Gewinn: im Gedicht wird die Sehnsucht selbst verlebendigt, das Bewußtsein des Verlusts, dem man sich nicht entziehen kann; und immer wieder tritt bei Hölderlin gerade in Augenblicken der Enttäuschung, in denen nichts empfunden wird als Verlust und Leere, ein wunderbarer Umschlag ein, so daß das Gedicht, „in die dürftigen Herzen" eindringend (I, 231), utopische Hoffnungen und auch den Mut zu solchen Hoffnungen wachruft. Oft und fast verzweifelt hat Hölderlin sich gefragt: „Wozu Dichter in dürftiger Zeit?„ (II, 94). Die Antwort muß lauten: damit wir nicht aussterben. Seine Gedichte richten sich im Namen des Lebens gegen den Tod.

7. Empedokles

Schon im August oder September 1797, lange bevor der *Hyperion* abgeschlossen war, schrieb Hölderlin an den Bruder Karl, daß er „den ganz detaillirten Plan zu einem Trauerspiele gemacht" habe (VI, 247). Man darf mit Sicherheit annehmen, daß damit der *Empedokles* gemeint ist. Hölderlin hielt das Trauerspiel für die „strengste aller poëtischen Formen" (VI, 339), und den Versuch, selbst eines zu verfassen, unternahm er in den Jahren 1798–99, in Homburg. Es liegen drei Fassungen vor, und darüber hinaus ein Entwurf ('Der Frankfurter Plan') sowie der Aufsatz 'Grund zum Empedokles'. Die erste Fassung blieb wohl unvollendet, die zweite wurde zwar abgeschlossen (obwohl nur 732 Verse erhalten sind), doch Hölderlin empfand sie als unbefriedigend und fing – mit dem tastenden forschenden Aufsatz – wieder von vorn an, gab diesen dritten Versuch aber nach drei Szenen auf. Er war fasziniert von verschiedenen Möglichkeiten, die in seinem Stoff – dem Leben des Philosophen, wie es von Diogenes Laërtius erzählt wird – angelegt waren; in jedem Versuch versteht oder untersucht er sie anders. Die drei Fassungen lassen sich, schon weil sie in sich sehr uneinheitlich sind, nicht zu einem homogenen Ganzen zusammenfügen. Gewiß, im Zentrum steht immer, als fester Bezugspunkt, Empedokles' Selbstmord. Aber jede Fassung nähert sich ihm auf einem eigenen Wege, bevor sie ihn weiter umkreist.

Drei Hauptaspekte lassen sich unterscheiden. Erstens der rein psychologische und persönliche. Im Frankfurter Plan wird Empedokles dargestellt als jemand, der an einer nur ontologisch oder existentiell zu nennenden Unzufriedenheit leidet:

„Empedokles, durch sein Gemüth und seine Philosophie schon längst zu Kulturhaß gestimmt, zu Verachtung alles sehr bestimmten Geschäffts, alles nach verschiedenen Gegenständen gerichteten Interesses, ein Todtfeind aller einseitigen Existenz, und deswegen auch in wirklich schönen Verhältnissen unbefriedigt, unstät, leidend, blos weil sie besondere Verhältnisse sind und, nur im großen Akkord mit allem Lebendigen empfunden ganz ihn erfüllen, blos weil er nicht mit allgegenwärtigem Herzen innig, wie ein Gott, und frei und ausgebreitet, wie ein Gott, in ihnen leben und lieben kan, blos weil er, so bald sein Herz und sein Gedanke das Vorhandene umfaßt, ans Gesez der Succession gebunden ist-" (IV, 145)

Einer, der so leidet, dem es unerträglich ist, „daß kein Mensch in seinem äußern Leben alles zugleich seyn könne, daß man, um ein Daseyn und Bewußtseyn in der Welt zu haben, sich für irgend etwas determiniren müsse" (IV, 227), benötigt zum Selbstmord keinen äußeren Anlaß. Es mag sein, daß manche Gesellschaftsformen ihn mehr als andere abstoßen, weil sie Einseitigkeit und Atomisierung fördern oder hervorheben; aber im Grunde genommen ist ihm alle Individuation verhaßt, er strebt nach Totalität, er sehnt sich danach, wie Hyperion anfänglich auch, „Eines zu seyn mit Allem, was lebt" (III, 9). Der Abgrund des Ätna zieht ihn an.

Für den dramatischen Dichter geben solche Vorgänge im Innenleben nicht viel her. Die ganze äußere Handlung, alle Anlässe und Beweggründe, die sie liefert, stellen immer nur Vorwände dar. Wenn der Held sich, wie es im Plan steht, mit seiner Frau überwirft, ist das als Vorwand zu geringfügig; aber es wäre gleichermaßen verfehlt, anzunehmen, daß die Verbannung aus Agrigent der wahre Anlaß zu einem Selbstmord sein könnte, zu dem ihn schon seine innerste Unzufriedenheit treibt.

In der ersten und zweiten Fassung hat Empedokles, als er auftritt, durch eigenes Verschulden die Gunst und die Nähe der Götter schon von vornherein verloren. Auch bei dieser Auffassung seiner Situation hat der zentrale Vorgang – Verlust und Sehnsucht nach Wiedergutmachung – mit äußeren Umständen und Beweggründen nichts zu tun. Die Beziehungen des Helden zur Außenwelt, zur Gesellschaft, haben sich zwar durch sein Unglück geändert – er ist getrennt von denen, die ihn lieben und verehren und – denn „die Kraft ist ihm entwichen" (IV, 94) – seinen Feinden ausgeliefert; die Schuld und die Hoffnung auf Versöhnung bleiben aber seine Sache. Die Verbannung aus Agrigent ist keineswegs als Ursache seines Leidens zu verstehen; sie erweist sich lediglich als ein nachgetragenes Korrelat. Ihm wider-

fährt in der äußeren Welt ein Analogon für die zerstörerischen
Prozesse, die sich zuvor in seiner Innenwelt vollzogen haben:

> Weh! ausgestoßen, ihr Götter? und ahmte
> Was ihr mir thut, ihr Himmlischen, der Priester
> Der Unberufene, seellos nach? ihr ließt
> Mich einsam, mich, der euch geschmäht, ihr Lieben!
> Und dieser wirft zur Heimath mich hinaus ...
>
> (IV, 40)

Als Modell für Empedokles' persönliche Tragödie dient Tantalus, der durch Anmaßung die Gunst der Olympier verspielte und
in den Tartarus hinabgeworfen wurde. „Armer Tantalus ..." –
so redet Empedokles sich selber an – „das Heiligtum hast du ge-
schändet, hast/Mit frechem Stolz den schönen Bund entzweit"
(IV, 15), und die Parallelen zu Tantalus sind sowohl in der ersten
als auch in der zweiten Fassung klar zu erkennen. Denn was war
Empedokles' Schuld? Er hat, wie es im Rhein-Gedicht heißt,
„Verwegnes erwählt/Und den Göttern gleich zu werden ge-
trachtet", oder wie er selber, sarkastisch und selbstquälerisch,
seinem Schüler Pausanias erklärt:

> Recht! alles weiß ich, alles kann ich meistern.
> Wie meiner Hände Werk, erkenn ich es
> Durchaus, und lenke, wie ich will
> Ein Herr der Geister, das Lebendige.
> Mein ist die Welt, und unterthan und dienstbar
> Sind alle Kräfte mir,
> Zur Magd ist mir
> Die herrnbedürftige Natur geworden.
> Und hat sie Ehre noch, so ists von mir.
> Was wäre denn der Himmel und das Meer
> Und Inseln und Gestirn, und was vor Augen
> Den Menschen alles liegt, was wär es,
> Diß todte Saitenspiel, gäb' ich ihm Ton
> Und Sprach' und Seele nicht? was sind
> Die Götter und ihr Geist, wenn ich sie nicht
> Verkündige?
>
> (IV, 109)

In der zweiten Fassung gesellt sich zur Figur des Tantalus die des
Jupiter, der gegen die Herrschaft Saturns revoltiert hat. Empedokles' Sünde kann also als wahrhaft titanisch bezeichnet werden.

Auch wird in beiden Fassungen die Schuld als ein Akt des rücksichtslosen Sprechens präsentiert. Empedokles hat „den Gott ... aus sich/Hinweggeschwäzt" (IV, 98); er hat Unerlaubtes geäußert, ist nicht vor dem Nefas zurückgescheut. Besonders greifbar wird das in der Aussage, er habe „vor allem Volk sich einen Gott genannt" (IV, 10). Hölderlin war bestrebt, die volle Tragweite dieses exzessiven Verhaltens deutlich zu machen. Er notierte: „Bei uns ist so etwas mehr eine Sünde gegen den Verstand, bei den Alten war es von dieser Seite verzeihlicher, weil es ihnen begreiflicher war. Nicht Ungereimtheit, Verbrechen war es ihnen" (IV, 446).

In ihrer Grundstruktur ist uns Empedokles' Erfahrung schon aus den Gedichten und aus *Hyperion* bekannt. Er erlebt die von Coleridge beschriebene *dejection* (Schwermut). Die Kraft verläßt ihn, sein Leben wird leer, er steht einer Welt gegenüber, die er nicht mehr verschönern und beleben kann. Der Sinn des Lebens, von ihm selbst erzeugt, zerfällt und löst sich in ein Nichts auf, sobald die Imagination ihn nicht länger zusammenzuhalten vermag. Neu ist im *Empedokles* die Betonung der Schuld. Sich wie Tantalus schuldig machen: was bedeutet das im wirklichen Leben eines Hölderlin? Was heißt Hybris für ihn? Ich denke, ihm muß manchmal die eigene, zur gleichen Zeit wie der *Empedokles* entstandene Poetologie anmaßend vorgekommen sein. Denn was wollte er, als äußerstes Ziel, durch das poetische Wort erreichen? Er wollte das Göttliche ins menschliche Leben „niederwinken". Seine Gedichte schwanken zwischen Anspruch und Bescheidung, sie erheben sich bis zum Rande der Erfüllung, und fallen ab, sie sind sich zugleich ihrer außerordentlichen Kraft und ihrer Unzulänglichkeit bewußt, sie warnen – so etwa ‚Germanien' – vor einer Aussage, zu der sie selber die Legitimation zu liefern scheinen. Nicht umsonst – und das heißt: nicht ohne Schaden – hatte Hölderlin jahrelang intensiv Fichte gelesen. In der Gestalt des titanisch von sich selbst überzeugten Empedokles („alles weiß ich, alles kann ich meistern") untersucht er nun kritisch jenen Willen zur Macht des Geistes, zur Unterwerfung der Materie unter die Souveränität des Geistes, der Fichtes Denken beherrschte, und fragt, ob eine solche Grundhaltung nicht lediglich in eine solipsistische Hölle geführt habe. Hölderlin traute der menschlichen Imagination Unermeßliches zu: die Fähigkeit, eine Ordnung von, womöglich, transzendentaler Gültigkeit zu stiften; gleichzeitig aber fürchtete, daß sich am Ende alles als sehr bedingt und unverbindlich entpuppen würde. Diese Befürchtung äußert sich im *Empedokles* als Schuldgefühl. Hölderlin ringt dort, wie auch in den wenig später verfaßten Gedichten, um ein besseres Verständnis des Begriffes und des Erlebnisses eines erfüllten Daseins. Er fragt, wie dieser Zustand zu erreichen sei, und was speziell die Dichtung dazu beitragen könne oder dürfe.

Wir haben bislang nur einen Aspekt des Empedokles-Stoffes, den privaten, besprochen, und gesehen, daß hierfür in erster Linie Tantalus als Muster diente. Wir kommen jetzt zu einem zweiten, dem äußeren, öffentlichen, gesellschaftlichen Sinn, den Empedokles, wie Hölderlin ihn verstand, verkörperte. Andere Gestalten treten nun als Vorbilder hinzu: Prometheus und Christus. Als Jupiter gegen Saturn revoltiert, tut er dies in eigener Sache; und so darf Empedokles ihn zur Illustration *seiner* Hybris heranziehen. Prometheus aber handelt für andere; und indem Hölderlin ihn (vor allem in der zweiten Fassung) als alternatives Modell für das Schicksal des Empedokles einführt, aktiviert er neue, dem ‚privaten‘ Aspekt widersprechende Möglichkeiten. Zwei Grundlinien, die private und die soziale, beide detailliert ausgeführt und doch voneinander getrennt, laufen nebeneinander her, sie koexistieren und widersprechen sich, sie haben, jede auf ihre Art überzeugend, ein unabhängiges Eigenleben.

Prometheus stiehlt das himmlische Feuer und schenkt es den Menschen; er wird zum Verfechter ihrer Anliegen gegen die Tyrannei der olympischen Götter. Empedokles – eine wichtige Umdeutung seiner ‚Wortschuld‘ – verrät dem Volk die Geheimnisse einer priesterlichen Kaste, er verrät seine eigene Klasse zugunsten des Volks. Seine ehemaligen Priestergenossen verdammen ihn und setzen ihn Seite an Seite mit Prometheus. Das Volk dankt ihm dafür, „daß er vom Himmel raubt/Die Lebensflamm' und sie/Verräth den Sterblichen" (IV, 92). Die Priester hingegen wünschen, daß er vergehen soll, „der Göttliches verräth, und

allverkehrend/Verborgenherrschendes/In Menschenhände liefert" (IV, 97). Sie haben Angst, er werde das Volk aufhetzen, im
Namen einer neuen Ordnung, die die alte, ihre eigene, nun über-
holte Ordnung ersetzen soll. Unter diesem sozialen Aspekt erscheint der Empedokles der beiden ersten Fassungen als begei-
sternder Fürsprecher von Prinzipien, die in der Französischen
Revolution am Platz wären:

> Diß ist die Zeit der Könige nicht mehr.
> . . . . Schämet euch,
> Daß ihr noch einen König wollt; ihr seid
> Zu alt; zu eurer Väter Zeiten wärs
> Ein anderes gewesen. Euch ist nicht
> Zu helfen, wenn ihr selber euch nicht helft.
> . . . .
> So wagts! was ihr geerbt, was ihr erworben,
> Was euch der Väter Mund erzählt, gelehrt,
> Gesez und Brauch, der alten Götter Nahmen,
> Vergeßt es kühn . . .

„Reicht die Hände", sagt er ihnen, „gebt das Wort und theilt das
Gut . . . jeder sei, wie alle" (IV, 62–3, 65–6).

Sehr oft erinnert Empedokles an Christus – etwa in seinem
Verhältnis zu seinem Lieblingsschüler Pausanias, oder in dem
Augenblick, wo er, ebenso wie Christus von Peter, als über-
menschliche Gestalt erkannt wird (IV, 77), vor allem aber und
am konsequentesten in seiner radikalen Opposition gegen die
pharisäerhafte Religion, den toten Buchstabenglauben, nach
dem die Priester Hermokrates und Kritias (Mekades) ihr Leben
ausrichten. Er wendet sich direkt an das Volk, setzt sich über
dessen Priester hinweg, und verheißt ihm, wie Christus, ein
neues Leben. Die alten Formen gelten nicht mehr, sie sind erstarrt und sollen zerschlagen werden. Er greift die alte Ordnung
mit rücksichtsloser Wut und Verachtung an, und die, die ihr
Macht und Einfluß verdanken, wehren sich. Sie sehen ihren
Vorteil in jener Abschwächung seiner Kräfte, die er sich selber
zufügt: „Er oder wir! Und Schaden ist es nicht,/So wir ihn opfern. Untergehen muß/Er doch!" (IV, 96). Er wird verbannt.

Er wird aber nicht, wie Christus und Prometheus, für sein
Verbrechen, die Aufwiegelung der Massen, gekreuzigt, son-

dern geht freiwillig in den Tod. Dieser Unterschied bedeutet, daß die beiden Handlungsstränge, der persönliche und der soziale, weiterhin getrennt bleiben. Denn was Empedokles sucht durch sein Vorhaben, sich in den Krater zu werfen, ist private Wiedergutmachung und Versöhnung, die Beendigung eines Zwistes mit seinen Göttern, der seine Mitmenschen, ob sie nun für oder gegen ihn sind, nichts angeht. Sein Selbstmord gewinnt allenfalls insofern zufällig oder zusätzlich eine gewisse soziale Bedeutung, als er als Besiegelung oder Bekräftigung seines Testaments angesehen werden kann. Aber im Grunde sucht Empedokles in den Flammen des Ätna nichts als seinen eigenen Frieden.

Eine dritte Möglichkeit, die *vielleicht* eine einheitliche Auffassung erlaubt hätte, bestand darin, daß Empedokles sich opfert. Diese Möglichkeit scheint schon wegen der Verweise auf Christus naheliegend; darüber hinaus könnten auch Pantheas Worte, mit denen der Text der zweiten Fassung abbricht, als Wink in dieselbe Richtung verstanden werden: „Denn Einmal bedurften/Wir Blinden des Wunders" (IV, 118). Was Empedokles, wenn auch aus rein persönlichen Gründen, vollzieht, mag also auch für seine Mitmenschen eine Bedeutung haben. Aber erst in dem Aufsatz ‚Grund zum Empedokles', in dem er – sehr typisch für die Aufsätze der Homburger Zeit – sich ins Klare zu schreiben versucht, schafft Hölderlin die Grundlage für eine dritte Fassung seines Trauerspiels, in der der Held als notwendiges Opfer dargestellt werden soll. Die rein persönlichen Motive – in den ersten Fassungen so lebendig vor Augen geführt – werden nun so umgedeutet, daß Empedokles die extremen, versöhnungsbedürftigen Gegensätze seiner Zeit in sich verkörpert und diese durch seinen Tod, wie jemand, der sich bewußt und aus freien Stücken zum Sündenbock machen läßt, zum Wohl seiner Zeitgenossen aufheben will. Hölderlin sagt vom Empedokles, er sei zum Dichter geboren, betont aber zugleich, daß die Zeit, in der dieser lebt, nicht das Wort, und auch nicht die Tat, verlangte, sondern das Opfer. Indem er sich opfert, handelt er nicht mehr in eigener Sache, sondern im Interesse der Gemeinschaft – aber auf einer sehr abstrakten Ebene: die in den ersten Fassungen so wichtige soziale Dimension wird ins Transzendentale und Mythische erhöht.

Der Empedokles der dritten Fassung wird, als er seinen Entschluß schon gefaßt hat, sehr kritisch ins Verhör genommen. Er soll sich rechtfertigen, und das heißt, er soll beweisen, daß sein beabsichtigter Freitod – den sein Gegner Manes zuerst als „schwarze Sünde" abqualifiziert (IV, 135) – von aller Hybris und von allen persönlichen Erwägungen rein sei. Er muß sich selbstlos opfern, und daraus erwächst ein entscheidender Unterschied zum Empedokles der ersten beiden Fassungen.

Befriedigend war auch dieser letzte Versuch nicht. Was in dem Aufsatz, bei aller Abstraktheit, plausibel klingt, war für eine Verwirklichung in dramatischer Form denkbar ungeeignet. Manes gegenüber kann Empedokles seine Gründe zwar verbal artikulieren; aber wie diese Gründe, und das Zeitalter, das sie hervorbrachte, über fünf Akte hin handelnd darzustellen wären, ist nicht ersichtlich. Von den verschiedenen Aspekten, die Hölderlin am Empedokles-Stoff interessierten, war wohl der soziale – Empedokles als Christus- und Prometheus-Figur – am ehesten dramatisch realisierbar; zugleich wollte er jedoch auch dem privaten Leiden seines Helden, auf das er zweifellos eigene Erfahrungen des Verlusts und des Verlassenseins übertrug, gerecht werden; und diese Spaltung seiner Anliegen lähmte ihn schließlich. Der Versuch, die Spaltung durch den Begriff des Opfers zu überwinden, führte zu einer Auffassung der Tragödie, die, meines Erachtens, eine Dramatisierung fast unmöglich machte.

Es gibt aber einen Gesichtspunkt, unter dem Hölderlins Arbeit am *Empedokles*, trotz der Widersprüchlichkeit der Motive, die er im Stoff entdeckte, durchaus einheitlich erscheinen kann. Es wurde bereits davon gesprochen, daß Hölderlin in allen Fassungen auf Empedokles' Selbstmord hinsteuert, daß also in gewissem Sinne immer der Tod in den Mittelpunkt tritt. Gleichwohl steht im Zentrum dieses eigentümlichen Trauerspiels nicht der Tod, sondern das Lebendige. Ich möchte hier an einen Satz in dem schon zitierten Brief erinnern, den Hölderlin in dieser erstaunlich produktiven Zeit an Neuffer schrieb: „Das Lebendige in der Poësie ist jezt dasjenige, was am meisten meine

Gedanken und Sinne beschäfftiget" (VI, 289); außerdem an die Aufsätze, in denen er sich bemüht, eine Verfahrensweise zu beschreiben und zu praktizieren, mittels derer das Lebendige – das er für göttlich hält – im Prozeß des Gedichts erzeugt werden soll. Um dasselbe Unentbehrliche, um das Lebendige, geht es auch im *Empedokles*.

In dieser Hinsicht erhält Hölderlins Versuch konzeptionell letztlich doch eine gewisse Einheit, auch wenn es bei der dramatischen Ausführung zu einer Trennung von zwei unterschiedlichen Handlungssträngen kommt. Im inneren, privaten, büßt Empedokles seine Erfahrung eines erfüllten göttlichen Daseins ein, sie schwindet, er sehnt sich danach, und indem er seine Trauer und seine Sehnsucht ausspricht, entsteht – daran erkennt man ja die Macht des poetischen Wortes – dieses Leben erneut, es wird in den Versen des trauernden, sich sehnenden Empedokles belebt, es wird wieder wahrnehmbar – etwa in dem großen Monolog „In meine Stille kamst du leise wandelnd..." (IV, 14). Gemäß der Fabel des Stücks will er durch seinen Tod sein verlorenes Leben zurückgewinnen; aber was das heißt, was eigentlich darunter zu verstehen ist, das fühlen wir aus seinen Versen heraus. Er ist, in seiner Eigenschaft als Dichter, fähig, das wieder heraufzubeschwören, was er verloren hat; er setzt, genau wie Coleridge, den Zustand der *dejection* selbst in Dichtung um. Soweit die innere Handlung. Was die äußere betrifft, ist die inhärente Einheit des hölderlinschen Unterfangens noch einleuchtender. Denn was will Empedokles für die Agrigenter Bürger erreichen, als er sich, die Priester beiseiteschiebend, direkt an sie wendet? Er will ihnen das vermitteln, was die Priester ihnen vorenthalten haben. Hermokrates sagt es ganz offen: „Es darf ihr Herz/Lebendiges nicht finden" (IV, 91). Empedokles will sie wieder in ihr Recht setzen. Kein Zweifel, das, was er ihnen anbietet (wozu er ihnen den Weg bereiten möchte), bringt Gefahren mit sich, er mutet ihnen viel zu, er spornt sie zur Aufgabe alles Veralteten und Überlebten an, zum Aufbruch in neue, nie erprobte Lebensformen. Ja, es ist sogar möglich, daß Hermokrates sie vor diesem Lebendigen schützen will, aus wohlgemeinter Angst, daß es sie zugrunde richte:

> Drum binden wir den Menschen auch
> Das Band ums Auge, daß sie nicht
> Zu kräftig sich am Lichte nähren.
> Nicht gegenwärtig werden
> Darf Göttliches vor ihnen.
>
> (IV, 91)

Solche Bedenken kennt Empedokles nicht. Was tot ist und dem Neuen im Wege steht, muß aus dem Wege geräumt werden. Er ist, wie Hyperion, ein großer Ungeduldiger. Und er lehrt die beängstigende und berauschende Doktrin des Werdens und Vergehens, daß „der heilge Lebensgeist" nicht gebunden werden könne und daß die einzige dem wahren Wesen des Lebens entsprechende Haltung darin bestehe, dieses ununterbrochene Fließen restlos zu bejahen. Ihn selbst treibt dies in den Flammentod. So hieß es schon im Empedokles-Gedicht (1797): „Das Leben suchst du, suchst, und es quillt und glänzt/Ein göttlich Feuer tief aus der Erde dir,/Und du in schauderndem Verlangen/Wirfst dich hinab, in des Aetna Flammen", und von der hier ausgedrückten Überzeugung, daß der Freitod in mancher Hinsicht positiv zu bewerten sei, wich Hölderlin im gesamten Verlauf seiner Beschäftigung mit dem Empedokles-Stoff nie ab. Das Trauerspiel ist, wie die Gedichte, von einem ständigen Wechsel zwischen den Tiefen der Depression und den Höhen der (vorausgefühlten) Freude gekennzeichnet. Empedokles steigert sich in eine Ekstase hinein, die ihn für die erlebte Leere entschädigen soll. Delia, die in dem vielleicht etwas ausgeglicheneren Griechenland zu Hause ist, kann Empedokles' freudige Todesbereitschaft, die auch Pausanias und Panthea in ihren Bann zu ziehen droht, nicht gutheißen:

> es sonnen
> Die Herzen der Sterblichen auch
> An mildem Lichte sich gern, und heften
> Die Augen an Bleibendes. O sage, was soll
> Noch leben und dauern? Die Stillsten reißt
> Das Schiksaal doch hinaus und haben
> Sie ahnend sich gewagt, verstößt
> Es bald die Trauten wieder, und es stirbt
> An ihren Hofnungen die Jugend.
> In seiner Blüthe bleibt

Kein Lebendes – ach! und die Besten,
Noch treten zur Seite der tilgenden,
Der Todesgötter, auch sie und gehen dahin
Mit Lust und machen zur Schmach es uns
Bei Sterblichen zu weilen!

(IV, 115)

„Das Ungebundne reizet" (II, 51), der Abgrund auch. Dieser
Trieb, diese Versuchung, ein Element, das man in der Psyche
und in der Dichtung Hölderlins nicht ignorieren sollte, tritt in
seinem Trauerspiel fast als Reflex zutage, als eine Reaktion auf
Verlust, die aus Sehnsucht nach Wiedergutmachung entspringt. Andererseits, und nicht nur bei Priestern und Phili-
stern, ist eine gewisse Angst vor dem ekstatischen Aufbruch,
vor Auflösung und Verflüchtigung spürbar, ähnlich wie im
Roman Hyperions enragierter Idealismus nicht unbedingt ge-
billigt wird.

Eine rationale Auseinandersetzung über die Frage, wieviel
Lebendigkeit den Menschen zuträglich sei, führt Hölderlin in
seinem Theaterstück natürlich nicht. Er war deprimiert über die
herrschenden Formen des Lebens, und er fühlte sich als Dichter
verpflichtet, sie durch lebendigere zu ersetzen. Daß der Kampf
gegen das Erstarrte eine gefährliche Ekstase heraufbeschwören
könnte, wußte er. Die Gefahr nahm er in Kauf. Sein Empedokles
agiert in seinem Sinne. Er wird von seinen Gegnern mit (seinen
eigenen) Worten beschuldigt, die den Dichterberuf, wie Hölderlin ihn verstand, treffend charakterisieren:

Denn ich
Geselle das Fremde,
Das Unbekannte nennet mein Wort,
Und die Liebe der Lebenden trag'
Ich auf und nieder; was Einem gebricht,
Ich bring es vom andern, und binde
Beseelend, und wandle
Verjüngend die zögernde Welt ...

(IV, 95)

Hölderlin unternahm mit seinen Empedokles-Texten den Versuch, Empedokles' Erlebnis des Lebendigen und seine Revolte
gegen alles Tote so in Worte zu fassen, daß die Sprache selbst

eine Vergegenwärtigung seiner Opposition bewirkte. Er scheint von den Ausdrücken selbst – Leben, lebendig, beleben, und allen möglichen Zusammensetzungen (Lebensfunke, -töne, -othem, -fülle, -flamme usw.) geradezu besessen gewesen zu sein. Es gibt Stellen, wo sie sich mit tautologischer Emphase häufen; in besonderem Maße gilt das für die Entwürfe, wo sie ihm gleichsam aus der Feder schießen, um dann beim Aufarbeiten umschrieben oder durch prägnantere Formulierungen ersetzt zu werden. In Randbemerkungen feuert er sich selber an: „wo möglich, noch lyrischer!" (IV, 511), „stärker! stolzer! lezter höchster Aufflug!" (IV, 554). Verblüffend ist auch, wie er die regelmäßigen fünffüßigen Jamben der ersten Fassung in der zweiten in gebrochene, freiere und rhythmisch energischere – eben lebendigere – Zeilen umformt:

> O bei den heilgen Brunnen, wo sich still
> Die Wasser sammeln, und die Dürstenden
> Am heißen Tage sich verjüngen! in mir
> In mir, ihr Quellen des Lebens, strömtet ihr einst
> Aus Tiefen der Welt zusammen und es kamen
> Die Dürstenden zu mir – vertroknet bin
> Ich nun, und nimmer freun die Sterblichen
> Sich meiner – bin ich ganz allein? und ist
> Es Nacht hier oben auch am Tage? weh!

> O bei den heilgen Brunnen,
> Wo Wasser aus Adern der Erde
> Sich sammeln und
> Am heißen Tag
> Die Dürstenden erquiken! in mir
> In mir, ihr Quellen des Lebens, strömtet
> Aus Tiefen der Welt ihr einst
> Zusammen und es kamen
> Die Dürstenden zu mir – wie ists denn nun?
> Vertrauert? bin ich ganz allein?
> Und ist es Nacht hier außen auch am Tage?

> (IV, 14; 102)

Durch die Umschreibung – eine zunehmend charakteristische Prozedur – bahnte sich Hölderlin den Weg in die freieren Rhythmen der Hymnen – ein Grund unter mehreren, warum man seinen *Empedokles* obwohl er unvollendet blieb, keineswegs als verlorene Mühe ansehen darf. Hölderlin hat hier im dramatischen, wie schon zuvor im epischen Genre, etwas ganz Eigentümliches, etwas ganz Besonderes, geleistet. In diesen beiden Gattungen spürt man den lyrischen Dichter, der den „eigenen Ton" am reinsten in Oden, Elegien und Hymnen anstimmte.

8. ‚Einheimisch ... angesichts da.‘

In den Jahren 1800–02, zwischen dem Abschied von Susette Gontard und ihrem Tod, schrieb Hölderlin jene großen Gedichte – ‚Der Archipelagus‘, ‚Brod und Wein‘, ‚Die Wanderung‘, ‚Germanien‘ und andere – in denen eine mythische Welt von einer bemerkenswerten Vielfalt und Geschlossenheit entsteht. Leicht könnte man eine Karte von ihr anfertigen, von den Bergen, Strömen, Inseln und von den berühmten Städten, von der ganzen lichterfüllten Landschaft, in der Hölderlin die Wirren und Hoffnungen seiner Zeit konkret und detailliert vor Augen führt. Schonungslos, im ständigen Rückblick auf das griechische Tageslicht, enthüllt er den Zustand, in dem er und seine Zeitgenossen sich befinden: „es wandelt in Nacht, es wohnt, wie im Orkus,/Ohne Göttliches unser Geschlecht" (II, 110). Auch nimmt er einen Ton und einen Stil an, der, Gemeinschaft und Zuhörerschaft scheinbar voraussetzend, der zerrissenen und verständnislosen Wirklichkeit, wie ihm vollkommen bewußt ist, nicht entspricht.

Hölderlin kehrte im Sommer 1802 aus Bordeaux in die Heimat zurück. Schwab schildert dies wie folgt:

„Seit Ostern 1802 hatte seine Familie keine Nachrichten mehr von dem Dichter. Aus dieser Ungewißheit wurde sie auf eine schmerzliche Weise gerissen, als im Anfang Juli's desselben Jahres Hölderlin plötzlich bei seiner Mutter in Nürtingen eintraf. Er erschien mit verwirrten Mienen und tobenden Geberden, im Zustande des verzweifeltsten Irrsinnes und in einem Aufzug, der die Aussage, daß er unterwegs beraubt worden sey, zu bestätigen schien. Unerwartet schnell hatte er im Juni seine Stelle zu Bordeaux verlassen, Frankreich mit Inbegriff von Paris in den heißesten Sommertagen von einer Gränze zur andern zu Fuß durchreist, sich flüchtig seinen Freunden in Stuttgart ... gezeigt und war so in die Heimath gekommen." (VII, ii 223)

Wenn ihn die Nachricht von Susettes Tod nicht schon erreicht hatte, so erreichte sie ihn wenig später. Sie war am 22. Juni an Röteln gestorben.

Abgesehen davon, daß er sich im Herbst 1802 einige Wochen mit Sinclair in Regensburg aufhielt (was eine beruhigende Wirkung auf ihn gehabt zu haben scheint), lebte Hölderlin nun, bis zum Juni 1804, zu Hause bei seiner Mutter und seiner verwitweten Schwester in Nürtingen. Das war die längste Zeit, die er als Erwachsener in der in Gedichten und Briefen so oft herbeigesehnten Heimat verbrachte, und er führte dort ein unglückliches und entfremdetes Dasein. Unter diesen Umständen, als er jede Hoffnung auf persönliches Glück aufgegeben hatte und ihm nichts bevorstand als Krankheit und Enttäuschung, vollbrachte er eine ungeheure Wandlung und Erweiterung seiner Lyrik. Es ist erstaunlich, daß ihm eine Entfesselung seiner dichterischen Kräfte gerade zu dem Zeitpunkt gelang, als er sich in ein enges, verständnisloses Zuhause zurückzog und Tag für Tag eine lähmende Müdigkeit, Depression und Apathie zu bekämpfen hatte. Die Mutter, die ihn immer mehr wie einen Entmündigten behandelte, berichtete Sinclair, wie besessen ihr Sohn arbeitete, und wie sehr ihn das erschöpfte: „quält sich schon 3 Wochen so sehr daß er gegenwärtig ganz geschwächt ist und beynahe seine Besinnungskraft verlohren hat" (VII, ii, 271). Für sie und die Ärzte stand es außer Frage, „daß bey ihm alle Curart u. Arzneymittel nicht anschlagen könnten weil er sich nicht dahin bringen läßt, sein Lieblings Studium aufzugeben oder mit maaß zu behandeln" (VII, ii, 277). Sie mußte aber einsehen, daß es ihm ebensowenig half, von der Arbeit abzulassen:

> „seit 4 Wochen arbeitet er sehr wenig u. geht beynahe den ganzen Tag aufs Feld, wo er aber eben so ermüdet nach Hauß komt, als ihn vorher das Arbeiten anstrengte, u. eben diese Ermüdung muß aber auch seine Sinnen schwächen, weil keine Besserung darauf erfolgt." (VII, ii 265)

Landauer, der ihm stets loyal und taktvoll praktischen Beistand geleistet hatte, klagte über sein Schweigen und darüber, daß er sich von den Freunden absonderte:

> „Was machst Du? Wahrscheinlich arbeitest Du den ganzen Tag und die halbe Nacht, daß Du so gar keine Kunde von Dir giebst, mich so gar nicht mehr besuchst. Ich gestehe Dir, Freund, es thut mir offt schmerzlich wehe, wenn ich daran denke, daß Deine Freunde Dir nichts mehr zu seyn scheinen, weil Du es nicht für der Mühe werth hältst, Dich um sie zu erkundigen." (VII, i, 178)

Hölderlin vollzog in diesen Jahren, in Nürtingen und später in Homburg, eine Erweiterung und Bereicherung der einheitlich konzipierten Welt seiner großen Hymnen und Elegien. Ganz konkret gesehen: die Grenzen dieser Welt dehnen sich aus, es tauchen viele neue Orte, topographische Einzelheiten, historische Gestalten auf. Der erste Blick auf das Meer (im Frühjahr 1802) löst, wenn immer er sich in den folgenden Jahren daran erinnert, in der nach wie vor auf Kohärenz zielenden Einbildungskraft eine Fülle zuvor ungekannter Bilder und Motive aus – ja, dieser neue Schaffensdrang findet sein wohl passendstes Korrelat in den Seeleuten, die, auf der Suche nach Indien, in Richtung Westen ins Ungewisse segeln. Eine wichtige poetische Absicht wird – von neuer Emphase getragen und auf neue Stoffe angewendet – konsequent weiterentwickelt: als Gegengewicht zu dem griechischen, allzu anziehenden, Pol seiner Welt definiert Hölderlin nun immer klarer den hesperischen und verleiht ihm größere Schwere, er füllt die Jahrhunderte seit dem Tode Christi aus, zum Beispiel in ‚Patmos‘, ‚Der Einzige‘, ‚Andenken‘, ‚An die Madonna‘, ‚Kolomb‘. ‚Patmos‘ ist, – in der schon von der äußeren Gestaltung her sehr schönen Widmungsfassung, die Sinclair im Januar 1803 dem Landgrafen überreichte – eines der gelungensten Gedichte Hölderlins überhaupt: in sich geschlossen und zugleich ein Teil des ganzen kohärenten poetischen Entwurfs der Reifezeit. Das zentrale Anliegen von Hölderlins Dichtung besteht also weiterhin darin, der „Zwischenzeit“, unserem Dasein „in der Nacht“, einen, so gut es geht, ermutigenden Sinn zu verleihen; und das gilt auch, wie schon der Titel andeutet, für die 1803/4 verfaßten ‚Nachtgesänge‘ und für die im selben Winter vollendeten Sophokles-Übertragungen – heilige Texte, die er als Übersetzer und Kommentator „unserer Vorstellungsart mehr zu nähern“ (V, 268), das heißt, in die hesperische Zeit zu integrieren versuchte. Diese konsequente poetische Absicht, die Hölderlin zweifellos als Verpflichtung ansah, kann man bis in die spätesten und schwierigsten Entwürfe und Gedichtkonvolute verfolgen; sie ist sogar manchmal bei dem Versuch, die oft sehr großen Verständnisprobleme zu bewältigen, der einzige Leitfaden.

Gleichzeitig ist die fragliche Schaffensperiode aber von einer anderen Tendenz geprägt, die, wenn auch wohl nicht von der Absicht her (sofern diese Absicht erkennbar ist), so doch in der Praxis aller Einheitlichkeit entgegengesetzt ist und eher zu Desintegration und Zersplitterung führt. In gewisser Hinsicht ist dies ja eine unausweichliche Begleiterscheinung der genannten Expansion. Genau wie die „Seehelden" dringt Hölderlin in unerforschte Gefilde vor. Er schreibt: „Wünscht' ich der Helden einer zu seyn ... so wär' es ein Seeheld" (II, 242), und dem entspricht seine nach der Rückkehr aus Bordeaux gesteigerte Bereitschaft, in seine mythologische Welt Exotisches hereinzulassen. Nun, Tinian, Ansons und Kolombs Seereisen – all das hat, im Kontext der weiter fortgeführten Definition der hesperischen *orbis,* noch seinen Grund; es gewinnt aber eine immer größere Autonomie, entfaltet immer mehr eine Eigendynamik und bewirkt so eine Auflockerung der vorher streng kontrollierten Einfälle. Im unvollendeten ‚Kolomb', so reich an Bildern, die freilich oft nur splitterähnliche Fragmente sind, scheint Hölderlins Welt, unter schwerem Druck allmählich zu zerbröckeln; und dieser Eindruck entsteht erst recht, wenn er, zweifellos mit der Absicht, das Abendländische und Hesperische genauer zu bestimmen, ‚Patmos' auseinandernimmt und mehrere Versionen des ‚Einzigen' hervorbringt, ohne je zu einer endgültigen Fassung zu gelangen. Bereicherung ja – aber sie bricht gleichsam über ihn herein, die vielen verschiedenen Möglichkeiten bestürmen ihn; und das Bild einer kohärent entworfenen Welt, die sich nun immer weiter ausdehnt und schließlich auseinanderfällt, mag zumindest ansatzweise zu einem besseren Verständnis dieser schwindelerregenden Phase in Hölderlins schöpferischem Leben beitragen. Spät, vielleicht *sehr* spät, beschreibt er diese Art Heimsuchung so: „Wie Bäche reißt das Ende von Etwas mich dahin, welches sich wie Asien ausdehnet" (II, 373).

Noch desintegrierender als Expansion und Freude am Exotischen wirkt in den Gedichten aus der Zeit nach Bordeaux eine überraschende Neigung zur Vereinzelung. Immanenz, reine, totale Gegenwärtigkeit, Da-Sein – das hatte Hölderlin unter dem Namen des Göttlichen oder des Lebendigen schon in seinen

Homburger Schriften als das ureigene Ziel eines jeden Gedichts herausgestellt; und dieses Ziel hat er, sofern es im Medium der Sprache überhaupt realisierbar ist, nach Bordeaux mehrmals erreicht – in einzelnen Augenblicken, in Augenblicken von berückender Intensität. Dann sind die Dinge in aller Eindringlichkeit und Schönheit „einheimisch ... angesichts da", und „sinnig ist es/Auf Erden" (II, 57, 219). Ich meine Verse wie: „Tief aber liegt/Das ebene Weltmeer, glühend" oder „es rauscht so um der Thürme Kronen/Sanfter Schwalben Geschrei" (II, 255, 249). In ‚Vom Abgrund nemlich ...' „geschieht es" mindestens zweimal:

> Ein wilder Hügel aber stehet über dem Abhang
> Meiner Gärten. Kirschenbäume. Scharfer Othem aber wehet
> Um die Löcher des Felses. Allda bin ich
> Alles miteinander. Wunderbar
> Aber über Quellen beuget schlank
> Ein Nußbaum und   sich. Beere, wie Korall
> Hängen an dem Strauche über Röhren von Holz ...

> wo
> Bis zu Schmerzen aber der Nase steigt
> Citronengeruch auf und das Öl, aus der Provence ...

Solche „sinnig" gelungene Augenblicke scheinen jeweils in einem Kontext auf, dessen Sinn, milde gesagt, sowohl rational als auch emotional nur sehr schwer zu ergründen ist. Wenn die Dinge so *erlebt* und in Sprache übersetzt werden, übertreffen sie an Leuchtkraft und Selbstständigkeit alles andere, was sie im Gedicht umgibt. Sie werden autonom, fügen sich nicht mehr in ein gedankliches Schema ein, oder übersteigen und relativieren es – ja sie vernichten es fast. Und so wird die Welt, auf deren Aufrechterhaltung die Gedichte dieser Zeit noch hinarbeiten, gesprengt, und es bleiben nur blendende Bruchstücke.

Was in diesen späten Gedichten vorgeht, findet in einer parataktischen Satzfügung seinen adäquaten Ausdruck. Bilder und Gedanken werden einfach aneinandergereiht:

> Zweifellos
> Ist aber Einer. Der
> Kann täglich es ändern. Kaum bedarf er
> Gesez. Und es tönet das Blatt und Eichbäume wehn dann neben

Den Firnen. Denn nicht vermögen
Die Himmlischen alles. Nemlich es reichen
Die Sterblichen eh' an den Abgrund.

(II, 195)

Dort, wo schon fertige, wunderbar vollendete Gedichte – ‚Patmos‘, ‚Brod und Wein‘, ‚Heimkunft‘ – einer Überarbeitung unterzogen werden, wirkt das oft so, als ob gleichmäßig übereinander gelagerte Gesteinsschichten durch Intrusion gewaltsam aufgebrochen würden. Die neuen Verse sind manchmal so eigenartig, daß sie überhaupt keine Einheit mit den ungeänderten Versen bilden. Sie sind in einer neuen Sprache abgefaßt und ziehen alle Aufmerksamkeit auf sich. Sie fallen aufgrund ihrer Eigentümlichkeit und Fremdheit so sehr ins Auge, daß der Zusammenhang, in den sie eingedrungen sind, einfach verloren zu gehen scheint. Wie ließen sich zum Beispiel die folgenden Verse je mit ihrem Kontext, der ansonsten keineswegs so radikal angetasteten siebten Strophe von ‚Brod und Wein‘, in Einklang bringen?

ein Aergerniß aber ist Tempel und Bild,
Narben gleichbar zu Ephesus. Auch Geistiges leidet,
Himmlischer Gegenwart zündet wie Feuer, zulezt.
Trunkenheit ists, eigener Art, wenn Himmlische da sind
Sich ein Grab sinnt, doch klug mit den Geistern, der Geist.
Auch die Geister, denn immer hält den Gott ein Gebet auf
Die auch leiden, so oft diesen die Erde berührt.

(II, 605)

Durch die folgenden erstaunlichen Zeilen (die wohl auf die Betonung des Abendländischen in dieser Zeit zurückzuführen sind) wird ‚Patmos‘ zwar bereichert, aber auch gesprengt:

Vom Jordan und von Nazareth
Und fern vom See, an Capernaum,
Und Galiläa die Lüfte, und von Cana.
Eine Weile bleib ich, sprach er. Also mit Tropfen
Stillt er das Seufzen des Lichts, das durstigem Wild
War ähnlich in den Tagen, als um Syrien
Jammert der getödteten Kindlein heimatliche
Anmuth im Sterben, und das Haupt
Des Täuffers gepflükt, war unverwelklicher Schrift gleich
Sichtbar auf weilender Schüssel.   (II, 181)

Überhaupt wendet sich Hölderlin nach seiner Rückkehr aus Bordeaux bewußt gegen die Homogenität seiner früheren Sprache. Er läßt mehr zu, wird spezifischer, verwendet seltsame, „unpoetische" Ausdrücke; oder man müßte eher sagen, er setzt sie geradezu aggressiv ein. Es sind die merkwürdigsten Wörter und Wendungen: „beinern", „gichtisch", „hehlings", „heischer", „Schlaken", „Accent", „Unfürstliches" und viele andere Ausdrücke dieser Art. Das kann man am deutlichsten dort beobachten, wo er eigene, zu einem früheren Zeitpunkt entstandene Texte überarbeitet. Er übersetzt sie gleichsam in eine fremde Sprache. Aus den Zeilen „die See schikt/Ihre Wolken, sie schikt prächtige Sonnen mit ihm ..." (‚Stutgard') wird: „die See schikt/Ungeheures, sie schikt krankende Sonnen mit ihm ..." Noch ergreifender ist es, wenn er ‚Den gefesselten Strom' in ‚Ganymed', ‚Den blinden Sänger' in ‚Chiron' und ‚Dichtermuth' in ‚Blödigkeit' überträgt – sehr genau „hinhorchend", manchmal Wort für Wort, eine metrische Einheit nach der anderen ersetzend:

> und nun gedenkt er seiner
> Kraft, der Gewaltige, nun, nun eilt er

> Der Zauderer, er spottet der Fesseln nun,
> Und nimmt und bricht und wirft die Zerbrochenen
> Im Zorne, spielend, da und dort zum
> Schallenden Ufer und an der Stimme

> Des Göttersohns erwachen die Berge rings,
> Es regen sich die Wälder, es hört die Kluft
> Den Herold fern und schaudernd regt im
> Busen der Erde sich Freude wieder.

> Im Zorne reinigt aber
> Sich der Gefesselte nun, nun eilt er

> Der Linkische; der spottet der Schlaken nun,
> Und nimmt und bricht und wirft die Zerbrochenen
> Zorntrunken, spielend, dort und da zum
> Schauenden Ufer und bei des Fremdlings

> Besondrer Stimme stehen die Heerden auf,
> Es regen sich die Wälder, es hört tief Land
> Den Stromgeist fern, und schaudernd regt im
> Nabel der Erde der Geist sich wieder.

> (II, 67–8)

Was Hölderlin in dieser Zeit mit seinen Übersetzungen für die deutsche Sprache errang, ist erschreckend schön. Wie gesagt, er verfolgte, bei der letzten Überarbeitung, hauptsächlich das Ziel, den Text, indem er ihn nicht nur übersetzte, sondern auch interpretierte, der hesperischen „Vorstellungsart" anzunähern; aber zugleich wollte er , wie er seinem Verleger Wilmans schrieb, die eigene Sprache lebendiger machen und noch dazu, als Teil der gleichen Absicht, etwas im griechischen Text ans Licht fördern, was die Griechen selbst, seiner Meinung nach, mit attischer Klarheit und Beherrschung unterdrückt oder sublimiert hatten: das Orientalische. Ein gefährliches Unterfangen, daß Hölderlin in dem Zustand, in dem er sich in diesen Jahren befand, bestrebt sein sollte, gerade das Ekstatische, das „Feuer vom Himmel" (VI, 426), das Unbändige herauszuarbeiten! Er nimmt eine unerhörte Radikalisierung der Sprache auf sich, und fordert furchtlos alles Herkömmliche, Konventionelle, Altbekannte heraus. (Voß: „Du hättest Schiller sehen sollen, wie er lachte…" VII, ii, 304).

> Seht, ihr des Vaterlandes Bürger,
> Den lezten Weg gehn mich,
> Und das lezte Licht
> Anschauen der Sonne.
> Und nie das wieder? Der alles schweigende Todesgott,
> Lebendig führt er mich
> Zu des Acherons Ufer, und nicht zu Hymenäen
> Berufen bin ich, noch ein bräutlicher singt
> Mich, irgend ein Lobgesang, dagegen
> Dem Acheron bin ich vermählt.
>
> . . . .
>
> Ich habe gehört, der Wüste gleich sey worden
> Die Lebensreiche, Phrygische,
> Von Tantalos im Schoose gezogen, an Sipylos Gipfel;
> Hökricht sey worden die und wie eins Epheuketten
> Anthut, in langsamen Fels
> Zusammengezogen; und immerhin bei ihr,
> Wie Männer sagen, bleibt der Winter;
> Und waschet den Hals ihr unter
> Schneehellen Thränen der Wimpern. Recht der gleich
> Bringt mich ein Geist zu Bette.

(V, 239–40)

Noch unheimlicher wirken die *Ajax-Fragmente:*

> Io Nacht, mein Licht, o Erebos glänzend mir
> Nimmt mich, nimmt
> Mich Einheimischen, nimmt mich. Denn
> Von Himmlischen das Geschlecht nicht und nicht bei
> Alltäglichen Menschen bin ich werth
> Nach einer Hülfe zu schauen. Sondern es peitscht
> Mich auch, verderblich
> Des Zeus gewaltige Göttin.
> Wohin muß einer entfliehn
> In dem, wo geh ich hin
> Und bleibe?
> Wenn dieserseit es welkt, ihr Lieben
> Und ganz in andrem ich
> In wilder Narrheit liege.
> Das ganze Heer von zweien Seiten aber
> Mag mit den Händen mich tödten.
>
> . . . .
>
> Berühmte Salamis, irgend wohnst
> Du meerumwoogt, glükseelig
> Und jedes kan dich treffen.
> Ich aber duldend
> Schon eine lange Zeit
> Bin bei dem Ida auf
> Der grasichten Waide der Schaafe,
> Unausgezählet, auf der immergeordneten
> Abgezehret von der Zeit, die schlimme
> Hoffnung habend, daß ein Ende werde
> Bald mir der flüchtende
> Unfaßliche Hades.
> Und mir ist, übel zu bedienen, Ajax
> Ein neuer Feind. Io mir, mir! Dem
> Sein Haus ist göttlicher Wahnsinn.
> Den hattest du ausgesandt einst
> Wohl herrlich in wildem
> Kriegsgeist. Aber nun
> Am Sinne vereinsamt wird den Lieben
> Ein großer Kummer er gefunden.

(V, 277–8)

Es ist fraglich, ob die ‚hymnischen Entwürfe' (wie Beißner sie nannte) tatsächlich immer Entwürfe zu Gedichten sind, die, wenn sie vollendet worden wären, Seite an Seite mit ‚Der

Rhein' oder ‚Patmos' hätten gestellt werden können. In einigen Fällen, etwa bei ‚Kolomb', oder ‚An die Madonna', ist dies durchaus wahrscheinlich; manchmal aber, zum Beispiel bei ‚Tinian' und vielleicht auch bei ‚Griechenland', scheint Hölderlin weder die Länge noch die Gestalt der erwähnten Hymnen angestrebt zu haben; und bei wieder anderen Texten – ‚Wie Vögel langsam ziehn …', ‚Wie Meeresküsten …' oder ‚Was ist Gott? – ist es keineswegs ausgeschlossen, daß sie als fertig anzusehen sind. Denn man merkt auch bei den letzten vollendeten Hymnen Hölderlins (‚Andenken', ‚Der Ister', ‚Mnemosyne') eine Neigung zur Kürze und zu einer noch dichteren Ausdrucksweise; und auch drei der ‚Nachtgesänge' (‚Lebensalter', ‚Der Winkel von Hahrdt', ‚Hälfte des Lebens') sind gerade wegen ihrer Knappheit so auffallend und zugleich treffend. Wenn man schließlich noch ein paar der sogenannten ‚Pläne und Bruchstücke' berücksichtigt – etwa Nr. 50 ‚Wenn über dem Weinberg es flammt …' oder Nr. 61 ‚Zu Rossen, ewige Lust …' – so liegt die Vermutung nah, daß Hölderlin in dieser so produktiven Periode begonnen habe, von der schönen großen Form der Hymne Abschied zu nehmen. Ich weiß, es wird mitunter behauptet, er habe noch in Homburg und sogar in Tübingen Gedichte im pindarischen Stil verfaßt; er war jedoch, wie auch in seinen poetologischen Schriften zum Ausdruck kommt, der Überzeugung, daß keine Form, so sehr ein Dichter sie auch schätzen und beherrschen mag, Anspruch auf Endgültigkeit erheben könne; vielmehr sind alle Formen dem Gesetz des Werdens und Vergehens unterworfen. Nach Bordeaux löst sich Hölderlins poetische Welt allmählich auf, und dieser Auflösungsprozeß erfaßt natürlich auch die Form der Gedichte. Das erhöht Spezifische und Konkrete seiner Wahrnehmungen bringt fast unausweichlich formale Fragmenthaftigkeit und eine Konzentration auf flüchtige Augenblicke mit sich. Hölderlin versucht zwar, der Auflösung dadurch entgegenzuwirken, daß er weiterhin eine kohärente Mythologie anstrebt; aber es entstehen nur Bruchstücke, die den jeweiligen Kontext sprengen, aus ihm hervorleuchten, oder die einzeln und isoliert dastehen, ein Maximum an Anschaulichkeit in sich bergend.

Man denkt unweigerlich an Eliot: „These fragments I have shored against my ruins." Die von Hölderlin erdachte sinnstiftende Mythologie läßt sich nicht mehr aufrechterhalten. Was übrigbleibt, sind Augenblicke, von denen die leuchtendsten allen ‚gedanklichen' Inhalts entbehren. Einerseits ist das ein Triumph: es wird Immanenz erreicht. Andererseits aber ein verzweifeltes Stiften einer Halt bietenden Wirklichkeit, in einer Welt, die entgleist. Sehr oft wiederholt sich in diesen Jahren die Mahnung, die Selbstmahnung: „Vieles aber ist/Zu behalten" (II, 197). Hölderlin notiert exakt, was er vor Augen hat:

> Sonnenschein
> Am Boden sehen wir und trokenen Staub
> Und heimatlich die Schatten der Wälder und es blühet
> An Dächern der Rauch, bei alter Krone
> Der Thürme, friedsam ...

Und er kommentiert: „gut sind nemlich/Hat gegenredend die Seele/Ein Himmlisches verwundet, die Tageszeichen" (II, 197). Mehrmals spricht er die Furcht aus oder stellt – „das Böse nennend", wie es in ‚Patmos' heißt – fest: „Und immer/Ins Ungebundene gehet eine Sehnsucht" (II, 197), „Nemlich immer jauchzet die Welt/Hinweg von dieser Erde, daß sie die/Entblößet" (II, 163). Dagegen setzt er die Halt bietenden schönen Bilder. Was die „hinwegjauchzende" Erde „hält" ist „das Menschliche" (II, 163). „Sinnigkeit" wird zu etwas Unentbehrlichem, Rettendem. „Wohl thut/Die Erde. Zu kühlen" (II, 164).

Goethe beobachtete die Meerestierchen auf dem Lido von Venedig und pries sie so: „Wie wahr, wie seiend!" Beim späten Hölderlin hat man manchmal den Eindruck, daß die Dinge, die dem Subjekt einen ganz unerläßlichen Halt geben, *zu* seiend sind und das Subjekt überwältigen, ihm ein Gefühl des Staunens einflößen, das an Angst grenzt. Die Bilder werden autonom und stehen einem Subjekt gegenüber, das weniger *verdichtet* ist als sie. Im Gedicht ‚Der Kirchhof' wird er später (1828) schreiben:

> Wie still ist's nicht an jener grauen Mauer,
> Wo drüber her ein Baum mit Früchten hängt;
> Mit schwarzen thauigen, und Laub voll Trauer ...

Dort, oder in den Schlußzeilen von ‚Hälfte des Lebens‘, sind wir schon bei Trakl angelangt. In zunehmendem Maße mußte oder durfte Hölderlin die Dinge ohne jede Hülle und ohne jedes Vorurteil anschauen. Sie verunsichern jeden, der ihnen so konfrontiert ist: „So sehr einfältig aber die Bilder, so sehr heilig sind sie, daß man wirklich oft fürchtet, die zu beschreiben“. (II, 372).

Es ist ein ungeheurer Reichtum, der in den Jahren nach Bordeaux auf Hölderlin einströmt und den er in seinen Gedichten und Übersetzungen zu bewältigen versucht. In eine stabile poetische Mythologie läßt sich das alles nicht mehr einfügen. Nicht, daß die ordnende Intelligenz aufgibt: sie kämpft noch, hält noch an den früheren, so weitreichenden Ideen fest, führt sie fort. Aber der Dichter ist immer mehr seiner Einbildungskraft und seiner eigenen Sprache, ihrem erschreckenden Emporquellen, ausgeliefert. Und er gelangt, wie es auch vorher schon so oft der Fall war, an den Rand, an die Grenze, und will oder muß noch weiter hinaus. Mit vollem Recht eignet er sich die kühnsten und tragischsten Gestalten an: Wandersmann, Seeheld, Tantalus, Marsyas, Oedipus. Wie beklemmend hat er das Los des letzteren verstanden: als „wunderbare zornige Neugier“, „närrischwildes Nachsuchen … geisteskrankes Fragen nach einem Bewußtseyn“. Oedipus war, laut Hölderlin, „zum *nefas* versucht“, er ging an seiner Neugier zugrunde, „weil das Wissen, wenn es seine Schranke durchrissen hat … sich selbst reizt, mehr zu wissen, als es tragen oder fassen kann“ (V, 197–200). Er suchte, trotz der Warnung Jokastes: „bist du besorgt ums Leben,/So suche nicht“ (V, 172). Es heißt, rauh eingeschoben in die fertige Form von ‚Brod und Wein‘, daß der Verstand „sich krümmt … vor Erkenntnis“; und sehr lakonisch in ‚In lieblicher Bläue‘: „Der König Oedipus hat ein Auge zuviel vieleicht.“

Wir wissen, daß Hölderlin in Nürtingen und Homburg oft antriebslos, müde und apathisch war. Die Bilder einer früheren unglücklichen Zeit suchen ihn wieder heim. Damals (im Sommer 1795) hieß es: „Ich friere und starre in dem Winter, der mich umgiebt. So eisern mein Himmel ist, so steinern bin ich“ (VI, 181); er war „*res nullius*“, „ein hohler Hafen“, „ein lebender Todter" (VI, 181, 186, VII, ii, 44). In jenen Zustand fällt er nun wieder zurück, ja noch tiefer.

Und wenn das Leben doch auflebt und „leuchtend Licht" (V, 101), „lebendige Bilder" (II, 168) in seine Dumpfheit einströmen, so wird diese zur Rettung unverzichtbare, vielleicht freudig zu nennende Aufregung selbst zur Gefahr. Die Struktur der Psyche, und damit der Rhythmus der Gedichte, ist gleich geblieben, nur ihre Schwingungen sind nun extremer.

Die späten Manuskripte Hölderlins enthalten verwirrende Kaskaden von Bildern und Gedanken, schwindelerregend, bezaubernd und beunruhigend. Das, was man herauslesen kann, ist auch in gereinigter Druckfassung erstaunlich, so rätselhaft und bilderreich und rhythmisch sicher fließen die Zeilen:

> Gegen das Meer zischt
> Der Knall der Jagd. Die Aegypterin aber, offnen Busens sizt
> Immer singend wegen Mühe gichtisch das Gelenk
> Im Wald, am Feuer. Recht Gewissen bedeutend
> Der Wolken und der Seen des Gestirns
> Rauscht in Schottland wie an dem See
> Lombardas dann ein Bach vorüber. Knaben spielen
> Perlfrischen Lebens gewohnt so um Gestalten
> Der Meister, oder der Leichen, oder es rauscht so um der Thürme Kronen
> Sanfter Schwalben Geschrei.

(II, 249)

Als ob die Sprache ihren eigenen Weg gehe, in eine Art Wahrheit, der man nur dann näher kommt, wenn man alles hergebrachte Wissen über Bord wirft. Joyce sagte von *Finnegan's Wake,* er habe darin „die Sprache schlafen gelegt". Und sie murmelt und träumt im Schlafe weiter. In ähnlicher Weise bahnbrechend war auch Hölderlin. In seinen Pindar- und Sophokles-Übersetzungen und in diesen späten Entwürfen entdeckt er in der Sprache eine Kraft, die, wie der Schlaf, die individuelle Persönlichkeit in Frage stellt und am Ende sogar auflöst.

9. Zu Hause im Turm

Am 11. September 1806 schrieb Landgräfin Caroline von Hessen-Homburg an ihre Tochter Marianne:

„Le pauvre Holterling a été transporté ce matin pour être remis à ses parens. Il a fait tous ses efforts pour se jetter hors de la Voiture, mais l'homme qui devoit avoir soin de lui le repoussa en Arrière. Holterling crioit que des Harschierer l'amenes, et faisoit de nouveaux efforts et grata cet homme, au point, aves ses Ongles d'une longueur énorme qu'il étoit tout en sang." (VII, ii, 353–4)

„Der arme Hölderlin ist heute morgen zu seinen Eltern gebracht worden. Er hat mit aller Macht versucht, sich aus dem Wagen zu werfen aber der Mann, der auf ihn aufpassen sollte, hat ihn zurückgestoßen. Hölderlin schrie darüber, daß die Leibwächter ihn fortbrachten und wehrte sich erneut und kratzte jenen Mann mit seinen ungeheuer langen Nägeln, so daß er überall blutete."

Er wurde aber nicht von der Familie, sondern von Authenrieths Klinikum in Tübingen aufgenommen und im Mai 1807 als unheilbar und angeblich mit einer Lebenserwartung von noch „höchstens drei Jahren" entlassen. Hölderlin widerfuhr dann, zum ersten Mal seit langem, ein glücklicher Zufall. Er wurde im Haus des Schreiners Ernst Zimmer untergebracht und genoß bis an sein Lebensende, das, den Ärzten zum Trotz, erst nach sechsunddreißig Jahren kam, Achtung, Verständnis und Liebe. Zimmer hatte *Hyperion* und auch einige Gedichte gelesen, und betrachtete es als eine Ehre, dem Verfasser eine Unterkunft zu bieten. Später pflegte seine Tochter Lotte den Kranken mit großer Hingabe und Einfühlsamkeit. Hölderlin nannte sie „heilige Jungfrau" (VII, iii, 247). Seine eigene Familie – Mutter, Schwester, Stiefbruder – hielt sich von ihm fern. Zimmer berichtet, daß Hölderlin seinerseits sie „nicht ausstehen" konnte: „wenn sie ihn nach langen Jahren besuchen so fahrt er wüthend auf sie ein" (VII, iii, 134); der Tod seiner Mutter (1828) berührte ihn, so Zimmer, nur wenig. Karl und Rike erschien sein Erbteil zu groß, sie fochten es vor Gericht an. Die Briefe an seine Mutter, die er, sooft Zimmer ihn dazu veranlaßte, in den Jahren vor ihrem Tod schrieb, sind an Entfremdung und eisiger Leere kaum zu überbieten:

Verehrungswürdigste Mutter!

Ich denke, daß ich Ihnen nicht zur Last falle mit der Wiederhohlung solcher Briefe. Ihre Zärtlichkeit und vortrefliche Güte erweket meine Ergebenheit zur Dankbarkeit, und Dankbarkeit ist eine Tugend. Ich denke der Zeit, die ich mit Ihnen zubrachte, mit vieler Erkentlichkeit, verehrungswürdigste Mutter! Ihr Beispiel voll Tugend soll immer in der Entfernung mir unvergeßlich bleiben, und mich ermuntern zur Befolgung Ihrer Vorschriften, und Nachahmung eines so tugendhaften Beispiels. Ich seze das Bekentniß meiner aufrichtigen Ergebenheit hinzu und nenne mich

Ihren
gehorsamsten Sohn
Hölderlin

Meine Empfehlung an meine theuerste Schwester.
(VI, 447)

Das Verhältnis zwischen Mutter und Sohn, alle Gefühle, sind in Formeln erstarrt. Dazwischen leuchtet momentan die grausame Wahrheit auf: „Daß ich Sie so wenig unterhalten kann, rühret daher, weil ich mich so viel mit den Gesinnungen beschäffige, die ich Ihnen schuldig bin"; „mich auszudrüken, ist mir so wenig gegönt gewesen im Leben, da ich mich in der Jugend gerne mit Büchern beschäfftiget und nachher von Ihnen entfernte"; „ich bestrebe mich, Ihnen so wenig, wie möglich unangenehm zu werden, und schreibe deßwegen, so offt ich kann" (VI, 446–7, 448, 460). Rächt er sich? Wird er zum Schluß auch noch ironisch?

Verehrungswürdigste Mutter!

Verzeihen Sie, wenn mein Ihnen ergebenes Gemüth Worte sucht, um damit Gründlichkeit und Ergebenheit erweisen zu wollen. Ich glaube nicht, daß meine Begriffe von Ihnen sehr irren in Rüksicht Ihrer Tugendhafftigkeit und Güte. Ich möchte aber wissen, wie das beschaffen wäre, daß ich mich befleißen muß, jener Güte, jener Tugendhafftigkeit würdig zu seyn. Da mich die Vorsehung hat so weit kommen lassen, so hoffe ich, daß ich mein Leben vielleicht ohne Gefahren und gänzliche Zweifel fortseze. Ich bin

Ihr
gehorsamster Sohn
Hölderlin.
(VI, 464)

Wie auch immer man es charakterisieren mag, Hölderlin hatte, wenn er sich aus seiner Einsamkeit heraus gehorsamst an seine Mutter wendete, „keine andere Art zu sagen" (VI, 464).

Er schrieb viel, anfangs noch Oden und, laut Waiblinger, der erst 1822 mit ihm bekannt wurde, auch „in pindarischen freyen Versmaaßen" (VII, iii, 63 – einige Fragmente rettete Waiblinger in seinen *Phaëthon* hinüber); allmählich aber überwiegt der Reim, und so denkt man hauptsächlich an reimende Strophen, wenn man diese zweite „Hälfte des Lebens" überblickt.

Hölderlin behielt ein sehr starkes Selbstwertgefühl, und zwar aufgrund seines Dichterberufs. Die eigenen Schriften bedeuteten ihm viel, und es erfüllte ihn mit Stolz und Freude, aus dem *Hyperion* vorzulesen. In Wirklichkeit entmündigt – auch die Wohlwollendsten verhandelten in seinem Interesse über seinen Kopf hinweg – reagierte er empfindlich, ja sogar zornig, wenn er von Eingriffen in seine Werke erfuhr. Als Waiblinger ihm mitteilte, daß Uhland und Schwab „seine Gedichte sehr gut redigirt hätten", geriet er „in tiefen Unmuth, versichernd, er brauche diese Hilfe nicht, er selbst könne redigiren, was er gedichtet" (VII, ii, 570). Die Ausgabe von 1842 erklärte er für „unächt" (VII, iii, 315). Seinem mehrmals geäußerten Widerwillen gegen Goethe liegt wohl das Gefühl zugrunde, daß der, der selbst so erfolgreich war, ihm als Schriftsteller nie irgendeine Anerkennung zuteilwerden ließ; er schimpfte bis an sein Lebensende laut und wortreich auf seinen Verleger Wilmans, vermutlich wegen der vielen Druckfehler, die den Text der Sophokles-Übersetzungen entstellten. Bis zum Schluß hielt er also – viele kleine Details und Anekdoten beweisen es – an einer Selbstachtung fest, die aus seiner dichterischen Arbeit erwuchs.

Gleichzeitig aber verleugnete er sich. Er nahm bekanntlich öfter fremde Namen an, nannte sich Scardanelli, Buonarotti, Salvator Rosa, stritt sogar ausdrücklich ab, daß er je Hölderlin geheißen hätte. Kein einziges der aus Gefälligkeit extemporierten Gedichte unterschrieb er mit eigenem Namen, er signierte sie mit Scardanelli – „mit Unterthänigkeit/Scardanelli" – und versah sie mit phantastischen Daten – „d. 24 Januar 1676", „d. 9ten Merz 1940" – um noch weiter von ihnen abzurücken. Viele

Besucher und Memoirenschreiber berichten mit angenehmem Schauder von der übertriebenen Höflichkeit, mit der er sie auf Abstand hielt. Er redete sie mit Euer Heiligkeit, Euer Majestät, Herr Baron an, und ging mit Floskeln und Formeln auf Distanz.

Dieser, wie ich meine, nur scheinbare Widerspruch – Selbstbewußtsein und Selbstverleugnung – kennzeichnet ziemlich präzis die Situation Hölderlins während seiner Jahrzehnte im Turm. Er entzieht sich: er gibt weder in der Formelsprache seiner Briefe an die Mutter etwas von sich preis, noch durch die bizarren Titel, mit denen er Fremde und Bekannte anspricht, noch durch die Souvenirs, die sie ihm abverlangen, mit denen er sie abfertigt. Er zog sich ganz in sein Werk zurück, das er schon geschaffen hatte; in ihm war er zuhause, und er hatte Freude daran.

Hölderlin wohnte im Turm der alten Stadtmauer. Er hatte eine Aussicht auf den Neckar, die Wiesen am anderen Ufer, und weiter noch bis hin zur Alb. Was ihm in den ersten Jahren nach seinem Zusammenbruch und nach der Behandlung in der Klinik in Gedichten noch am leichtesten gelingt, sind Bilder – „homerisch anschauliche" Bilder, wie Waiblinger sie nannte (VII, iii, 74) – von kleinen Szenen, die er wohl oft vor Augen hatte:

> Über dem Stege beginnen Schaafe
>
> Den Zug, der fast in dämmernde Wälder geht.
> Die Wiesen aber, welche mit lautrem Grün
> Bedekt sind, sind wie jene Haide,
> Welche gewöhnlicher Weise nah ist
>
> Dem dunklen Walde. Da, auf den Wiesen auch
> Verweilen diese Schaafe. Die Gipfel, die
> Umher sind, nakte Höhen sind mit
> Eichen bedeket und seltnen Tannen.
>
> Da, wo des Stromes regsame Wellen sind,
> Daß einer, der vorüber des Weges kommt,
> Froh hinschaut, da erhebt der Berge
> Sanfte Gestalt und der Weinberg hoch sich.
>
> Zwar gehn die Treppen unter den Reben hoch
> Herunter, wo der Obstbaum blühend darüber steht
> Und Duft an wilden Heken weilet,
> Wo die verborgenen Veilchen sprossen;

> Gewässer aber rieseln herab, und sanft
> Ist hörbar dort ein Rauschen den ganzen Tag;
> Die Orte aber in der Gegend
> Ruhen und schweigen den Nachmittag durch.
>
> (II, 269–70)

Die Landschaft wird vereinfacht, ihre Bestandteile werden mit klarer Selbstverständlichkeit dargestellt:

> Holde Landschaft! wo die Straße
> Mitten durch sehr eben geht,
> Wo der Mond aufsteigt, der blasse,
> Wenn der Abendwind entsteht,
> Wo die Natur sehr einfältig,
> Wo die Berg' erhaben stehn ...
>
> (II, 275)

Man darf wohl noch von Immanenz sprechen, von erreichter Nähe, erfülltem Dasein der Gegenstände, aber diese leuchten nicht mehr so intensiv wie in den Entwürfen, sie sind nicht mehr „bis zu Schmerzen" *da;* sie wirken eher beruhigend, sie bieten dem Schauenden Halt. Ein einziges Mal – in dem schon zitierten Gedicht ‚Der Kirchhof' – verdichtet sich die Welt zu etwas Bedrohlichem. Normalerweise strahlen die Dinge Ruhe aus. Auch Waiblinger spürt, daß die Natur, ein Spaziergang im Freien, eine besänftigende Wirkung auf den sonst so gehetzten Hölderlin ausübt. Und dankbar sagt er selbst:

> Wenn ich auf die Wiese komme,
> Wenn ich auf dem Felde jezt,
> Bin ich noch der Zahme, Fromme
> Wie von Dornen unverlezt.
>
> (II, 274)

Er hat „eine Menge klarer und wahrer Bilder" (Waiblinger) vor Augen und vergegenwärtigt sie in seinen Gedichten; sie tun wohl, sie sind „gequollen/Vom Quell ursprünglichen Bilds" (II, 276), und sie zu betrachten, „giebt dem Herzen/Frieden ... Und Beruhigung den Schmerzen" (II, 275). In zwei der spätesten Gedichte bricht eine fundamentale Trauer durch – ganz schlicht und unmittelbar in diesen vier Zeilen:

> Das Angenehme dieser Welt hab' ich genossen,
> Die Jugendstunden sind, wie lang! wie lang! verflossen,
> April und Mai und Julius sind ferne,
> Ich bin nichts mehr, ich lebe nicht mehr gerne!

Noch unwiderlegbarer kommt diese Trauer in den Versen zum Ausdruck, welche die doppelt hingeschiedene Geliebte (Diotima und Susette) an den in Einsamkeit und Entfremdung Überlebenden richtet:

> Wenn aus der Ferne, da wir geschieden sind,
> Ich dir noch kennbar bin, die Vergangenheit
> O du Theilhaber meiner Leiden!
> Einiges Gute bezeichnen dir kann,
>
> So sage, wie erwartet die Freundin dich?

(II, 262)

Allmählich aber verschwinden sowohl die anschaulichen Bilder als auch die Trauer, sie verflüchtigen sich, sie lösen sich auf, und an ihre Stelle treten Abstraktion und Harmonie.

Meines Erachtens tut man Hölderlin unrecht, wenn man (mit Bertaux) in seinem Verhalten im Tübinger Turm ein *freiwilliges* Verstummen à la Rimbaud sieht, oder wenn man gar (mit Sattler) seine spätesten Gedichte als eine Art Vollendung und Aussöhnung, als „im schimmernden *Wohllaut* ... wiedererlangte Kindheit" bezeichnet. Mir scheint es vielmehr so, daß Hölderlin so lange schrieb, bis er unter furchtbaren Leiden und Enttäuschungen und infolge einer Krankheit zusammenbrach; und wenn er dann in gewissem Sinne verstummte – das heißt seine frühere Dichtungsart nicht mehr fortführte oder weiterentwickelte – ist das alles andere als freiwillig zu nennen. Er verfaßte fortan reimende Strophen, weil er „keine andere Art zu sagen" hatte; indem er diese Produkte nicht mit seinem eigenen Namen unterschreiben wollte, verleugnete er sie zwar, aber er war nicht in der Lage, etwas anderes, Besseres hervorzubringen. Seinen echten und eigenen Ton hatte er verloren, er hatte nicht, etwa aus Protest, bewußt darauf verzichtet.

Der Reim, den Hölderlin aufgab, als er sich von Schiller losriß, sich in Susette Gontard verliebte, die eigene unverkennbare Stimme fand, ist nach meinem Empfinden keineswegs ein Zeichen der Vollendung. Was der Reim in diesen vierzeiligen Strophen umfaßt, ist immer geringfügiger und zum Schluß fast ein Nichts. Die Vollendung, von der er angeblich Zeugnis ablegt, ist rein formal, rein äußerlich, und im Grunde ohne Substanz. Als er seine Oden, Elegien und Hymnen schrieb, verachtete Hölderlin die „bloße Harmonie" (IV, 259), und genau dort, bei reinem Wohlklang, sind wir in den spätesten Gedichten angelangt. Gewiß, sie haben ein eigentümliches Pathos; aber das rührt, würde ich sagen, eher von dem Kontrast zwischen Einst und Jetzt her, der jedem, der Hölderlin liebt und kennt beim Lesen auffallen wird. Vor allem gibt es keinerlei Spannung mehr, und gerade eine nervöse Spannung war doch das wesentliche Merkmal der früheren Gedichte. Nun ist nichts bewegt, nichts fließt, vielmehr ist Ruhe eingetreten – und nicht „Vollendruhe. Goldroth." (II, 253), sondern Stillstand, Leere, nicht die Ruhe, „wo alle Kräfte regsam sind" (VI, 305). Alles Lebendige – etwa die geschauten Bestandteile der Landschaft oder meinetwegen auch die Trauer – hat sich aufgelöst in Abstraktheit und Euphonie, in „Wohllaut".

Das Reimen und Skandieren bereitete dem alten Hölderlin eine kindliche Freude. J. G. Fischer schaute zu, wie er, auf seine Bitte hin, am Stehpult stand und ein Gedicht über den Zeitgeist machte, „mit den Fingern der linken Hand die Verse auf dem Pult skandirend, und nach Vollendung jeder Zeile mit Kopfnicken ein zufriedenes deutliches ‚Hm' ausdrückend" (VII, iii, 295). Der Reim, das Spiel der Laute, gefällt ihm; fast zwanghaft bringt er immer wieder dieselben Paare – „Tage/Frage", „sich neiget/sich zeiget", „Gefilde/milde" zustande, volle, reine, klingende Reime. Noch markanter ist seine Vorliebe für abstrakte Substantive: „Erhabenheit", „Vollkommenheit", „Herrlichkeit". Sie reichen ihm nicht, er fügt eigene Erfindungen hinzu: „Tiefigkeit", „Innerheit". Seine Lieblingswörter sind „Geist", „geistig", „Geistigkeit"; das Leben wird, in allen seinen Erscheinungsformen, immer „geistiger" (II, 296). Genauso wie die Gedichte in keiner sinnvollen Beziehung zu den Entstehungsdaten, die er ihnen beifügt, oder sogar zu ihren Titeln (‚Griechenland') stehen, entfernen sie sich inhaltlich und in ihrem ganzen Charakter von jeder geschauten und erlebten Wirklichkeit. Hölderlin vollzieht in diesen spätesten Gedichten eine überaus eigenartige Kehrtwendung, hatte er doch vor seiner Krankheit immer radikaler eine intensive ‚Sinnigkeit‘ angestrebt, damit das Gedicht das sein konnte, wodurch den Sinnen ein Unsichtbares fühlbar gemacht werden sollte, fühlbar und gefühlt. Vergegenwärtigung und Verwirklichung waren seine Ziele gewesen. Nun löst sich alles auf, und nichts ist gegenwärtig als wohllautende Abstraktion.

Man hat den Eindruck, daß die Sichtbarkeit als solche, „die Sichtbarkeit lebendiger Gestalt" (II, 279), ihn fasziniert; ständig wiederholen sich die Wörter „zeigen", „sich zeigen", „erscheinen", oder auch „glänzen" und „Glanz". Was aber erscheint, hat keine lebendige Gestalt, es ist, sozusagen, die Erscheinung schlechthin, ein Licht, ein Glanz, die Abstraktion selbst breitet sich über die geschaute Landschaft aus. Auf Erden ist es nun alles andere als sinnig. Und Kennzeichen dieses Endzustands sind im Gedicht ein monotones Metrum und der Reim.

Furcht und Mitleid erregt er, wie Oedipus, wie Marsyas, auch hundertfünfzig Jahre nach seinem Tod noch. Für ihn gilt in besonderem Maße, was Keats über Shakespeare gesagt hat: „A Man's life of any worth is a continual allegory – and very few eyes can see the Mystery of his life – a life like the scriptures, figurative." Den einzigen Trost in seinen letzten Jahren, die einzige Milderung des erschreckenden Pathos, die sie ausstrahlen, bietet nicht die Euphonie der letzten Gedichte, geschweige denn das Interesse, das schaulustige Besucher für ihn bekundeten, sondern die praktische einfache Menschlichkeit der Familie Zimmer, die ihn pflegte und bei der er am 7. Juni 1843 starb, „so sanft ohne noch einen besondern Todeskampf zu bekommen" (VII, iii, 321).

Zeittafel

1770	20. März, Johann Christian Friedrich Hölderlin wird als ältestes Kind seiner Eltern in Lauffen am Neckar geboren.
1772	5. Juli, Tod des Vaters.
	15. August, Geburt der Schwester Heinrike.
1774	Hölderlins Mutter zieht nach Nürtingen, wo sie eine zweite Ehe eingeht.
1776	29. Oktober, Geburt des Stiefbruders Karl.
1779	13. März, Tod des Stiefvaters.
1784	Oktober, Eintritt in die Klosterschule Denkendorf. Hölderlin schreibt die ersten Gedichte, die uns erhalten sind.
1786	Oktober, Eintritt in die Klosterschule Maulbronn.
1784–88	Er liest Schiller, Klopstock, Schubart, Ossian, Young. Liebe zu Louise Nast. Er schreibt viel (‚Die Meinige‘, ‚Die Tek‘, ‚Die Stille‘) und erstellt, als er die Klosterschule verläßt, eine erste Sammlung seiner Gedichte.
1788	Oktober, Eintritt in das Tübinger Stift. Dichterbund mit Neuffer und Magenau, Freundschaft mit Hegel.
1789	Er lernt Schubart und Stäudlin kennen.
1790	Schelling tritt in das Stift ein. Liebe zu Elise Lebret.
1791	April, Reise in die Schweiz. Erste Veröffentlichung, in Stäudlins *Musenalmanach*.
1792	Liebe zu ‚der holden Gestalt‘. Weitere Veröffentlichungen.
1793	Lernt Sinclair kennen, wie auch Schiller, der ihn als Hofmeister Charlotte von Kalb empfiehlt. Auszug aus dem Stift.
1789–93	Revolutionäre Stimmung im Stift, Begeisterung für Kant. Er schreibt viel: ‚Einst und Jezt‘, ‚Kanton Schweiz‘, ‚Griechenland. An St.‘, die Tübinger Hymnen, und fängt (März–April, 1792) die lange Arbeit am *Hyperion* an.
1793	28. Dezember, Ankunft in Waltershausen.
1794	Januar, lernt Wilhelmine Kirms kennen.
	November, Aufenthalt in Jena, wo er Fichte hört und Schiller besucht.
	Dezember, Aufenthalt in Weimar.
	Fragment von Hyperion erscheint in Schillers *Thalia*.
1795	Januar, gibt seine Stelle bei den von Kalbs auf und kehrt nach Jena zurück, wo er Fichte hört, häufig Schiller besucht und auch Goethe trifft. Er vertieft seine Freundschaft zu Sinclair.
	Mai, Immatrikulation an der Universität Jena.

Ende Mai–Anfang Juni, plötzlicher Aufbruch und Rückkehr nach Nürtingen.

Juli, Geburt der Tochter von Wilhelmine Kirms (Louise Agnese).

Hölderlin verbringt den Sommer in schlechter Verfassung zu Hause. Bekanntschaft mit Landauer.

1793–95 Er liest Kant, Fichte, Goethes *Wilhelm Meister*. Er schreibt nur wenige Gedichte: ‚Das Schiksaal‘, ‚Der Gott der Jugend‘, aber intensive Arbeit am *Hyperion* (Der *Metrischen Fassung, Hyperions Jugend,* der *Vorletzten Fassung).*

1795 28. Dezember, Ankunft in Frankfurt.

1796 Häufige Besuche bei Sinclair in Homburg. Schon nach kurzer Zeit Liebe zu Susette Gontard.

10. Juli, Hölderlin reist mit Susette und ihren Kindern über Kassel nach Westfalen.

17. September, Selbstmord Stäudlins.

20. September, Tod der Tochter von Wilhelmine Kirms. Hölderlin und Susette kehren nach Frankfurt zurück.

1797 Januar, Hegel ist als Hofmeister in Frankfurt tätig.

April, der erste Band von *Hyperion* erscheint.

Goethe und Schiller besprechen seine Gedichte, er besucht am 22. August Goethe in Frankfurt.

1798 Zunehmende Unzufriedenheit über das Leben in Frankfurt. September, Auszug aus dem Haus Gontard, Umzug nach Homburg.

1796–98 Mehrere Gedichte an Susette Gontard (Diotima), auch andere (‚An die Parzen‘). Arbeit am zweiten Band von *Hyperion,* und (Sommer 1797) erste Entwürfe für das Trauerspiel *Empedokles*.

1798 Ab September Briefwechsel mit Susette, schwierige Treffen mit ihr. November, Hölderlin nimmt mit Sinclair am Rastatter Kongreß teil.

1799 April–Juni, Boehlendorff hält sich in Homburg auf.

Iduna-Projekt: Hölderlin sucht, vergebens, bei Schiller, Goethe und anderen Unterstützung.

Oktober, der zweite Band von *Hyperion* erscheint.

1800 8. Mai, letztes Treffen mit Susette.

Juni, zu Hause in Nürtingen, wenig später in Stuttgart bei Landauer.

1798– Nachdenken über den Dichterberuf und über Theorie
1800 und Praxis der Dichtung. Die poetologischen Aufsätze entstehen, außerdem zahlreiche Gedichte: ‚Emilie‘, ‚Der Archipelagus‘, ‚Stutgard‘, ‚Elegie‘ und weitere Gedichte an Susette. Sehr wahrscheinlich auch die großen Pindar-Übersetzungen. Arbeit am *Hyperion* und unmittelbar danach am *Empedokles*.

1801 Januar, nach Hauptwyl.

Februar, hoffnungsvolle Briefe im Anschluß an den Frieden von Lunéville.

April, Rückkehr in die Heimat.

In diesem Jahr entstehen die meisten der großen Hymnen, sowie ‚Heimkunft‘, ‚Stimme des Volks‘; ‚Brod und Wein‘ wird abgeschlossen.

1801   10. Dezember, Hölderlin reist zu Fuß über Straßburg nach Bordeaux.

1802   Januar, am 8.: Eintreffen in Lyon, am 28. in Bordeaux.

          10. Mai, er bekommt einen Paß für die Reise (über Paris) nach Straßburg.

          7. Juni, Paß zur Ausreise aus Frankreich.

          22. Juni, Tod Susettes.

          Ende Juni–Anfang Juli, er kommt sehr zerrüttet über Stuttgart nach Hause. Verbringt den Sommer in Nürtingen.

          Oktober, er nimmt mit Sinclair am Regensburger Kongreß teil.

1803   Januar, ‚Patmos‘ wird dem Landgrafen von Hessen-Homburg übermittelt. Hölderlin führt ein sehr zurückgezogenes Leben.

1804   Juni, Sinclair holt ihn nach Homburg, wo er ihm eine Sinekure als Hofbibliothekar verschafft.

1802–04 Er schreibt weiter (‚Patmos‘, ‚Friedensfeier‘), trotz Krankheit und Trauer. Arbeit an den Sophokles-Übersetzungen, die im April 1804 erscheinen.

1805   Sinclair, und durch ihn auch Hölderlin, werden in den Homburger Hochverratsprozeß verwickelt. Ärztliche Gutachten über Hölderlins ‚Hypochondrie‘ und ‚verwirrten Gemütszustand‘. Die ‚Nachtgesänge‘ erscheinen.

1806   11. September, Hölderlin, der nun als wahnsinnig gilt, wird ins Tübinger Klinikum eingeliefert.

          Veröffentlichung von ‚Stutgard‘ und ‚Brod und Wein‘ (v. 1–18).

1807   Im Sommer wird Hölderlin aus dem Klinikum entlassen, mit ‚höchstens noch drei Jahren‘ zu leben. Er findet bei Ernst Zimmer eine Unterkunft.

          Veröffentlichung von ‚Der Rhein‘, ‚Patmos‘, ‚Andenken‘.

1822   Die zweite Auflage von *Hyperion* erscheint.

1822–24 Bekanntschaft mit Waiblinger.

1826   Uhland und Schwab geben Hölderlins Gedichte heraus.

1842   Zweite, erweiterte Ausgabe der Gedichte Hölderlins.

1843   7. Juni, Tod Hölderlins.

Bibliographische Notiz

Zitiert wird nach der *Großen Stuttgarter Ausgabe* (Hrsg. von Friedrich Beißner und Adolf Beck. 8 Bände, 1943–85). Diese Ausgabe bietet nicht nur alle Texte Hölderlins in der lesbarsten Form und noch dazu alle Varianten, sondern sie ist auch, dank der erstaunlichen Arbeit von Adolf Beck, eine wahre Fundgrube von biographischen und sozialgeschichtlichen Dokumenten. Unerläßlich auch, für jeden Leser, der in den *Prozeß* des Hölderlin-Gedichts, in den Akt des Verfassens selbst einen Einblick gewinnen möchte, sind die sogenannte *Frankfurter Ausgabe* (Hrsg. von Dietrich E. Sattler, 1975 ff.) und *Friedrich Hölderlin, Bevestigter Gesang. Die neu zu entdeckende hymnische Spätdichtung bis 1806.* Hrsg. und textkritisch begründet von Dietrich Uffhausen. Stuttgart (Metzler), 1989. Die Ausgabe in zwei Bänden (sämtliche Werke und Briefe) von Günter Mieth (Berlin/Weimar 1970) ist praktisch und zuverlässig.

Aus der mittlerweile fast unüberschaubar gewordenen Sekundärliteratur seien folgende Bände hervorgehoben:

Adolf Beck und Paul Raabe: *Hölderlin: Eine Chronik in Text und Bild* (Frankfurt am Main, 1970)

Thomas Beckermann und Volker Canaris (Herausgeber): *Der andere Hölderlin* (Frankfurt am Main, 1972)

Friedrich Beißner: *Hölderlins Übersetzungen aus dem Griechischen* (Stuttgart, 1961)

Pierre Bertaux: *Friedrich Hölderlin* (Frankfurt am Main, 1978)

Ulrich Gaier: *Der gesetzliche Kalkül. Hölderlins Dichtungslehre* (Tübingen, 1962)

Michael Konrad: *Hölderlins Philosophie im Grundriß* (Bonn, 1967)

Lawrence Ryan: *Hölderlins ‚Hyperion'* (Stuttgart, 1965)

Jochen Schmidt (Herausgeber): *Über Hölderlin* (Frankfurt am Main, 1970)

Peter Szondi: *Hölderlin-Studien* (Frankfurt am Main, 1970)

Stephan Wackwitz: *Friedrich Hölderlin,* Sammlung Metzler 215 (Stuttgart, 1985)

Autorenbücher

Deutsche Autoren in der Bibliothek
des 18. Jahrhunderts

Sophie von La Roche
Ich bin mehr Herz als Kopf

Ein Lebensbild in Briefen

Herausgegeben von Michael Maurer.
2., durchgesehene Auflage. 1985. 464 Seiten. Leinen

Karl Philipp Moritz
Anton Reiser

Ein psychologischer Roman

Herausgegeben, erläutert und mit einem Nachwort versehen
von Ernst Peter Wieckenberg.
1987. 459 Seiten. Leinen

Johann Gottwerth Müller
Siegfried von Lindenberg

Komischer Roman

Herausgegeben und mit einem Nachwort versehen von Friedemann Berger.
1984. 507 Seiten. Leinen

Friedrich Nicolai
„Kritik ist überall, zumal in Deutschland, nötig"

Satiren und Schriften zur Literatur

Herausgegeben und mit Nachwort, Anmerkungen sowie
Register versehen von Wolfgang Albrecht.
1987. 582 Seiten, 20 Abbildungen. Leinen

Christian Friedrich Daniel Schubart
Briefe

Herausgegeben von Ursula Wertheim und Hans Böhm.
1984. 439 Seiten. Leinen

Christoph Martin Wieland
Peregrinus Proteus

Mit einem Essay von Karl Mickel. Zeittafel zu Leben
und Werk Wielands von Heiner Wolf.
1985. 411 Seiten. Leinen

Verlag C. H. Beck München

Arbeitsbücher zur Literaturgeschichte

Hermann Kurzke
Thomas Mann
Epoche – Werk – Wirkung
2., überarbeitete Auflage. 1991. 349 Seiten. Broschiert

Jürgen Jacobs/Markus Krause
Der deutsche Bildungsroman
Gattungsgeschichte vom 18. bis zum 20. Jahrhundert
1989. 246 Seiten. Broschiert

Volker Wehdeking/Günter Blamberger
Erzählliteratur der frühen Nachkriegszeit
(1945–1952)
1990. 239 Seiten. Broschiert

Barbara Könneker
Satire im 16. Jahrhundert
Epoche, Werke, Wirkung
1991. 269 Seiten. Broschiert

Christoph Strosetzki
Miguel de Cervantes
Epoche – Werk – Wirkung
1991. 219 Seiten. Broschiert

Annegret Maack
Charles Dickens
Epoche – Werk – Wirkung
1991. 246 Seiten, 15 Abbildungen im Text. Broschiert

Verlag C. H. Beck München